マーケティングと
クリエイティブを
もう一度やり直す

大人のドリル

日経BP

はじめに なぜツイッターは「たった140字」で
6000億円ビジネスにまで成長したのか

 **考えてみると、
ツイッターってほんとにプアなサービス……。**

　スマホを使っている人で、ツイッターという会社を知らない
人はまずいないでしょう。この会社が提供する「つぶやき」サー
ビスは、広告収入などで、年間6000億円ほどの収益を上げて
います。

　これほど大きなビジネスなのに、ツイッターが提供している
機能は、かなりプアなものです。

・投稿できる文字数は少ない
・画像や動画のアップにも制限がある
・相互コミュニケーション機能も脆弱
・電子マネーはおろか、カード決済機能もない
・匿名なので、他サイトの会員になる時の認証にも使えない

　明らかにフェイスブックやLINE、noteなどのライバルより

も数段劣っているでしょう。それなのに、同社は修正を加えようとしません。

　ツイッターは匿名のため、ネットバッシングなどのトラブルが絶えず、自殺に追い込まれてしまったユーザーすらおり、社会問題にもなっています。にもかかわらず、匿名性にも手を付けておりません。

　こんな突っ込みどころ満載のサービスなのに、全世界では4億人近いユーザーがおり、日本でもその数は3300万人で、国内で使われるSNSとしては最大級の規模。サービスも機能も秀でていないのに、ビッグビジネスになっているというこの事実。

　そもそも、「つぶやき」という行為自体、世の中の多くの人が、生まれてこの方、何度も経験してきたことに過ぎません。誰も知らない斬新な発想とは言えないでしょう。単に、「目の付け所の良さ」から始まったビジネスです。しかしそれだけで、世界を動かす存在にまでなっています。

ツイッターは投稿できる文字数も少なく、
機能は他のSNSよりはるかに劣る。
なのに利用者数は日本最大級。
ここ、しっかり考えてほしいところ

イラスト：西アズナブル（以下、同）

いったい、ビジネスで勝つために必要なこととは、何なのでしょう？

　それを明かす前に、もう一つ、大成功したビジネス事例を考えることにいたしましょう。

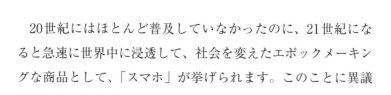

30年も昔にスマホと同じものを
多くの日本人が使っていた！のに

　20世紀にはほとんど普及していなかったのに、21世紀になると急速に世界中に浸透して、社会を変えたエポックメーキングな商品として、「スマホ」が挙げられます。このことに異議を唱える人はまずいないでしょう。

　このガジェットとほぼ同じ大きさ、同じ機能、同じ価格帯のビジネスツールが、実は1990年代に生まれていて、なかでも日本では広く浸透していたのをご存じですか？　スマホに先立つこと10年以上前の話となります。

　それは、「電子手帳（PDA）」と呼ばれていました。40代中盤以降の読者なら覚えている人も多いでしょう。シャープなら「ザウルス」、ソニーなら「クリエ」などが有名で、当時、ビジネスパーソンの3割以上に普及していたといわれています。

　その機能は、スケジュール管理、連絡先管理、辞書、メモ帳、そして、インターネット閲覧や赤外線による無線通信でのデー

タ交換など多岐にわたり、スタイラスペンや指でも操作が可能。形も大きさも機能もスマホとほぼ同じです。それが、日本ではスマホが普及するよりもはるかに昔から浸透していた！　このPDAに携帯電話ソフトを入れて通話機能を付加したら、それはもうスマホと何ら変わらなかったはずです。それでもPDAは、「スマホ」になれなかった……。これはどうしてでしょう？

　技術、デザイン、仕組み、機能……ほぼ同じなのに、PDAとスマホで、これほど大きな差がついてしまった理由。それこそ、ビジネスを考え、そして創り、育てていくうえで一番大切なことだと言っても過言ではないでしょう。

　PDAとスマホでは、機能・筐体（きょうたい）は似ていても、「コンセプト」が大きく異なった。この「目に見えないうさんくさい言葉」次第で、ビジネスのポテンシャル（可能性）が大きく変わってしまうということに、多くの日本人は気づいておりません。コンセプトというものを「雰囲気」とか「お題目」だと勘違いしている人が多いからではないでしょうか。

　良い技術と発想を持ち、人々が惜しまず労働を続けても、日本企業の旗色が一向に好転しなかった理由の一端は、ここにあるのでしょう。

コンセプトの違いが、
ビジネスの将来性を左右した

　コンセプトとは、分かっているつもりでも、なかなかうまく説明できない言葉です。なので、ここではひとまず、「その製品を使うことによって、ユーザーの生活がどう変わるか」という世界観とでもしておきましょう。

　例えば、スティーブ・ジョブズは、スマホとは電話ではなく「携帯コンピューター」だと考え、「**持ち運べるコンピューターは普通の人々の生活を大きく変える**」という世界観を提示しました。対して、ザウルスやクリエは、あくまでも「電子手帳」に過ぎず、「**このガジェットはビジネスパーソンを楽にする**」という世界観しかなかった。そのせいで、ビジネスとしてのポテンシャルに差が生まれたのです。

　「世界観（コンセプト）」を忠実に実現するためには、必要なもの（機能やデザイン、技術、広告など）をそろえなければなりません。ただし、不必要なものまで付加すると、過ぎたるは及ばざるがごとしで、コンセプトはすぐに崩れてしまいます。だから「**過不足なくそろえる**」ことが重要になります。それをマーケティングの世界では「パッケージング」と呼んでいます。ここで誤ると、せっかくのポテンシャルが大きなコンセプトも、うまく育たずに終わってしまいます。

　iPhoneやiPadが津波のように世界中の人々の心を飲み込んでいった理由は、コンセプトのみならず、パッケージングも素晴らしかったからでしょう。もし、コンセプトやパッケージングに疎い経営者であれば、以下のような外野の声にうろたえ、コンセプト違反のパッケージングをしていたはずです。

・ビジネス需要を考えたらキーボードがついていないと困るよ！
・会社の利益を考えたら、アプリやコンテンツはライセンスを持つ企業にしか作らせるな

　これでは、スマホもビジネスパーソン向けの商品に終わり、Web2.0の世界でソフトが無限に広がるという大転換は起こせなかったでしょう。
　外野（特に影響力の強い顧客や営業セクション）の声に左右され、あれもこれもと機能を詰め込み、やがてコンセプトは「お題目の空念仏」に堕していく。それが多くの（とりわけ日本の）経営なのでしょう。
　技術でもアイデアでもなく、「コンセプト」や「パッケージング」が、ビジネスの将来を決めてしまうということに、気づきましたか？

訳知り顔な外野の要望など無視して、
パッケージングを守り、
コンセプトを貫いた。
だからジョブズは天才なんだね

　それはツイッターの場合も同様です。

　このサービスのコンセプトは、「今、この気持ちを、世界に」
でしょう。

　このコンセプトに忠実であれば、「即時・大量・連鎖」を妨
げるようなパッケージングをしてはなりません。

　ツイッター社はコンセプトに忠実にパッケージングをしたか
ら、どんなに批判されても匿名で通し、文字数は制限し、動画
や画像は最小限しか使用を認めていません。ここに全くブレが
ないから、批判は数あれど、支持者も後を絶たず、ビッグビジ
ネスになったと言えるでしょう。

　こうした「コンセプト」や「パッケージング」といったもの
を、私は「クリエイティブの作法」と呼んでいます。創造活動
を行うときに、本当に当たり前に必要となるような、社会人基
礎マナーとも言えるでしょう。本書は、この「ビジネスに必要
な、クリエイティブの作法」を誰でも無理なく身につけること
を目的としています。

日本は、技術とアイデアで勝ったが、ビジネスでは大敗した

　振り返ってみると、日本には、世界初と言われる技術やアイデアがあまたあります。

　21世紀の現在、ユーザーインターフェースの基本となった静電容量方式パネルやQRコード。ユビキタスの入り口を作ったdocomoのiモード。写メはJ-PHONEが携帯キャリアとして世界初搭載、白色有機ELも発明したのは日本人……。

　そう、**技術やアイデアでは常に日本は世界に伍していた。それでもビジネスでは負けた**のです。

　逆に言えば、技術やアイデアでは日本に後れを取ったアメリカが、日本発の革新的な技術やアイデアをビッグビジネスへと昇華させています。

　ここに気づかず、未だに日本では「技術の〜」「創造力の〜」と標榜する企業が後を絶ちません。これでは死屍累々もむべなるかな、でしょう。

　技術やアイデアのみではだめだと、今度は「付加価値」が議論される。そして、「付加価値」を上げるための「戦略」作りにまた、汗を流す……。

　フェイスブックを創業したマーク・ザッカーバーグもジョブズも、そんな作業に人生を費やしていたとは到底思えません。

ただ「**クリエイティブの作法**」**に忠実**だったことが、彼らと日本の経営者との大きな違いなのでしょう。

クリエイティブの作法を理解するだけでなく、使いこなすこと

本書は、コンセプトとコンセプトワーク、パッケージング（≒アラインメント）、ターゲットとセグメント、STP分析ブランド、コアコンピタンスなどを、読者のみなさんが「使いこなせる」ようになることを目的としています。

どのマーケティングの教科書にも出ている、聞き慣れた言葉ばかりですね。そんな本やMBAの授業でも、これらの用語の意味を理解することはできますが、実際に使いこなすまでには、なかなか行きつけないものです。

それでは「分かったつもり」でしかありません。

本書では、極力、難しい言葉を使わず、身近な事例をそろえ、ワークをしながら、スムーズに腹落ちしていただけるよう心掛けています。

各セクションにワークが出て来ます。その都度、自分でしっかり考え、巻末のワークブックに答えを書いてください。決して、「時間がないから」とワークをおろそかにしたまま、答えを読まないでほしいところです。それでは永久に、「分かった

つもり」から抜け出せないから。

　クリエイティブは「知っている」程度じゃ、てんで話になりません。「理解した」でもまだまだ。**きちんと咀嚼（そしゃく）して使いこなせるようになってこそ、ようやくビジネスに生きてくる**。だから、「ドリル」と銘打っています。今までのビジネス書とはそこが大きく異なります。

コンセプトとコアコンピタンス、
小林一三とドラッカー
神戸大学／流通科学大学　名誉教授　石井淳蔵

1章

ビジネスの
コペルニクス的転回

ビジネスとは、商品やサービスを顧客に提供するのではない。

商品やサービスは乗り物でしかなく、それに積んだ「コンセプト」を顧客に運ぶことが、ビジネスの本意なのだ。

この「思考の転換」が本章のテーマとなる。

会議、営業、企画、そして夕食の支度にさえすぐに使える「クリエイティブの作法」

Section 1

「話がうまく伝わらない」「何を書いたらいいのだろう」。多くのビジネスパーソンは話し、書き、考えることに日々悩んでいる。その悩みに共通する問題点は発想の「順番」にあった。

　書店に行くと、ビジネス関連の本がたくさん並んでいます。

　たぶん、その一角には「話し方」「書き方」「考え方」についての本が山積みにされているはずです。多くのビジネスパーソンは、話し、書き、考えることに悩んでいるのでしょう。

　「話がうまく伝わらない」「何を書いたらいいのだろう」「良い発想が浮かばない」——。そんな悩みに共通する問題とは何なのか？　そこが、「クリエイティブの作法」の入り口となります。

写真撮影で分かる、あなたのクリエイティブ作法

　まずは以下のワークをやってみましょう。

Question1　京都の大火事

4日前に、京都でとてつもなく大きな火事がありました。

・たくさんの神社仏閣が焼失してしまいました

・煙や火に巻き込まれて、住人・観光客が何人も死亡しました

・病院には、火傷を負った重傷者が搬入され続けています

・街には迷子や家族を捜す人があふれています

・交通・流通網が崩壊し、食料品や衣料品などが欠乏しています

　あなたは、京都に住んでいます。火災発生から今まで、ずっとこの惨状に向き合ってきました。手元には高性能なカメラが

（写真：123RF）

17

あります。そのカメラで、決定的瞬間を撮るチャンスが何度も
ありました。

　さて、今、あなたは、どのような写真を撮って、新聞社に送
りますか?

　下記のシートに、タイトルや写真の構図などを書いてみてく
ださい。

※巻末のワークブックに、実際に書き込むための解答用紙を用意しています。ぜひそ
　れを使って、実作してみてください

後で使い ます⇓	写真のコンテ（構図・そこにある被写体などをラフで描き込んでく ださい）
	写真のタイトル

みなさん、どのような図案になりましたか？

その写真で伝えたかったことは？

　ここでは、新聞社のデスクが、みなさんの撮った写真を見る
ことにしましょう。その場合、以下のような観点で、良し悪し
が決まるはずです。

> すでに4日も経っている。とすると、歴史的建造物の火災
> 絵図や焼け跡の写真は百出している

　もし、単に火災や廃墟を撮っていたなら、写真は秒殺で机の
下のゴミ箱行きとなるでしょう。続いて2つ目のポイントは、

> これはあくまで報道写真であり、アートではない。意味が
> 理解できない、もしくは、読み手によって受け取り方が千
> 差万別になるようなものは適さない

　はい、難解な自己満足の写真も、やはりゴミ箱行きとなるは
ずです。

ここまでの関門をくぐり抜けた人に、いよいよ本題を出します。

　解答シートの左側にある空欄に「その写真で伝えたかったこと」を書いてください。

　これ、けっこう悩む人が多いのではありませんか。

　でも、ここで、**スラスラと伝えたいことが書けない人は、その時点で「アウト！」**なのです。

　「写真を撮る」という課題が出た時、「被写体は何にしようかな」「構図をどうしよう」「どうやったら映えるだろう」と、そんな絵図ばかりに目が行ってしまう人に、あえて聞きます。

　そもそも、伝えたいことも決めないで、何を撮るのですか？

「話す」「書く」「考える」の概念変更を！

・何を作ろうか？
・どんなデザインにしようか
・構図はどうしよう
・どう面白くしようか

まず考えるべきは、
「**何を伝える**」か？

そのためにピッタリな題材
それを具体的に
納得させるような表現を

　そもそも、伝えたいこともないのに、何をするのですか？

順番を逆にすれば、
作業がはかどり、評価も明確になる

　私たちは、話し、書き、考える活動を日々続けています。何の目的もなく、その行為自体に没頭して楽しみたいというのなら、それはそれで良いでしょう。いわゆる茶飲み話などはその類ですし、趣味や芸術なども、気持ちの赴くままで誰に何の文句を言われるものでもありません。

　ただ、こと、ビジネスの世界に限れば、そんな無目的なやり方は受け入れられないでしょう。報道写真はもちろんビジネスだから、言わずもがなです。**ビジネスでの創作活動は、目的を達成するためにある**のです。

　この当たり前の原則にしたがって、今回の課題である写真撮影も、先に「伝えたいこと」を決めていたら、どうなるでしょうか？

「伝えたいこと」を最もよく表すような被写体を選ぶ。

　という風に、**主客転倒**が起こります。そうすれば、漫然と「いい風景」を探すようなことはなく、被写体を選ぶ行動がはかどるはずです。そして、その写真についての「良し悪し」も、目的に合っているかどうかで、合理的・論理的に評価できるでしょう。

例えば、「伝えたいこと」を「みんなの思い出が詰まったあの京都はもうない」にしたら。選ぶ被写体も、修学旅行や社員旅行、新婚旅行などの名所となる神社仏閣に絞られるはずです。少なくとも「何も考えず、ただカメラ片手に焼け跡を撮りまくる」よりは被写体を選びやすいでしょう。

　ただし、このテーマは月並みで、しかも火災から4日も経っているため、今さら感は強い。新聞社的には「訴えるものが弱い」「類似写真が多い」ということで「ボツ」になるでしょう。

　とはいえ、こんな風に「伝えたいこと」が先にあり、それに沿って「作品」を制作すれば、作業がはかどり、また評価も明確になるものです。

　さらに言えば、「なら、どうしたらよいか」という改善・指導も行いやすい。この場合であれば、案外、有名な神社仏閣よりも、大きな旅館の広間の焼け跡に、ポツンと焼け残った枕が無造作に置かれている写真などの方がよさそうですね。「思い出が詰まったあの場所」といった場合、学生たちは神社仏閣より、みんなで騒いだ宿の方が心に染み付いています。そして、こんな写真は、類似投稿も少なそうです。

　味処や食べ歩き横丁がバラック建てで急場しのぎの炊き出しをやっている風景なども、「あの時、二人で竹筒ようかんを食べた場所……」と思い出す人が多いでしょう。まさに「思い出が詰まったあの京都が」です。

　それでも投稿した写真が不採用なら、あなたはアドバイスを

求めたくなるでしょう。その時、先ほどのように**しっかりコン**
セプトが決まっていたなら、評価する側も以下のように容易に
指導できるはずです。

　「コンセプトを変えた方がいいね。火災発生後4日も経って
いるのだから、訴えるべき相応なテーマがあるはず。例えば、
衣料と食料が足りないとか。医療関係がパンクしてるとか。も
しくは、復興に手を貸してくださいとか」

　コンセプト→制作というプロセスがしっかりしているから、
どこに間違いがあり、どう直せばいいか、明確に分かるのです。

「伝えたいこと」を先に考える癖は、ビジネスシーンでも重宝するはず

　ここまで長々と書いてしまいましたが、すでにお気づきの方
も多いのではありませんか。

　そう、これは、ビジネスパーソンの日常でも全くそのまま通
用する話です。

　みなさんは、社内会議や顧客への営業活動、上司への報告、
部下への指導など、常に「話し」「書き」「考える」行為を行っ
ている。その際に、今回の写真のワークと、同じ過ちを犯して
いませんか？

　例えば、企画会議に提案書を出すとき。**伝えたいことを中心**

に据え、それを**最適に表す資料をチョイスし、相手の理解の筋道にしたがってアレンジする**という手法で資料を作っていますか？

　もしこの通りに作業をしていたなら、先ほどの写真と同様で、うまく行かなかったときに、「何がいけなかったか」「どこでつまずいたのか」すぐに振り返ることができ、対応策も容易に考えられるでしょう。そうではなく、毎回型通りの手順で、不要な資料満載の総花的内容を、漫然とプレゼンテーションしているのではありませんか？

　顧客への営業も同様です。

　今回の訪問で、**相手から勝ち取りたい合意点**（＝伝えたいこと）をはっきりさせ、それに必要最適な資料を集め、相手の反応を想定して手順を決める。こんな準備をせずに、ありあわせの企画書やパンフレットにしたがって、長々と説明を続けていたら……。

　いずれの場合も、相手が「長い」「言いたいことが分からない」とうんざりするのが目に浮かびます。そして、会議でボツを出されたり、顧客にNoと言われたりした場合、どうしたらよいか途方に暮れてしまう……。いやいやそれ以前に、そもそも最初の段階で、「何を話そう」「何も思い浮かばない」と机に突っ伏す人も多いでしょう。原因はもうお分かりですね。それは、**「伝えたいこと」を最初に決めていないせい**。そう、「伝えるための手順」に誤りがある。ここを改めるだけで、ビジネスは大

きく改善できるのです。

　当たり前すぎる話なのですが、クリエイティブの作法の起点がここにあります。

写真もビジネスもおんなじ！
やってる順番が**逆**だよー

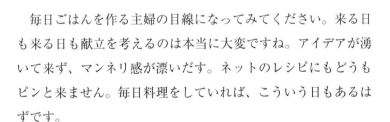

【復習として考えてみよう】
毎日の献立にクリエイティブの作法を当てはめると

　毎日ごはんを作る主婦の目線になってみてください。来る日も来る日も献立を考えるのは本当に大変ですね。アイデアが湧いて来ず、マンネリ感が漂いだす。ネットのレシピにもどうもピンと来ません。毎日料理をしていれば、こういう日もあるはずです。

　こんなマンネリ打破にも、クリエイティブの作法が役に立ちます。

例えば、冷蔵庫に、賞味期限が近い木綿豆腐が余っていると
しましょう。家族全員が好みなのは麻婆豆腐だから、それを作
ろうか……。でも市販の麻婆豆腐の素もあらかた試したので代
わり映えもしません。何より、作り慣れているので、面白みも
何もない……。これ、実は小中学校で「作文を書きなさい」「テー
マは運動会です」と言われて、「もう毎年書いてるもんなぁ」
という状態と同じだと気づいてください。

　こんな時、**まず「何を伝えたいか」、つまりコンセプトを決
めてしまうと**、料理でさえ、風景が一変します。
　例えば、夏の暑い日だったら、コンセプトは「夏バテ解消！」。
具体的に言うと「胃腸の活動促進」と「頭をすっきりさせる」
麻婆豆腐を作る、と。これを実現するために、色々工夫をして

（写真：123RF）

いく。八角を入れて健胃作用と自律神経の調整、ウコンで整腸、クミンで鎮静、大葉には抗炎症作用がある。こうした「抑制系」のシーズニングを主にして麻婆豆腐を作ってみたら面白くありませんか？　それは、辛くてしびれる麻婆豆腐とは全く異なります。

　見た目（デザイン）もコンセプトに合わせて変えた方がよいでしょう。麻婆豆腐といえば赤や黄、茶などですが、こうした暖色は火照りを増進するのでダメ。暑い夏を乗り切るには、クールな見栄えを重視して、大葉やバジルをおろしたソースをベースに、青緑色の麻婆豆腐にする。

料理を作るとき
~同じ麻婆豆腐だったとしても~

コンセプト	**夏バテ解消！**	コンセプト	**真冬に芯から温まる**
効果	胃腸の活動促進 頭をすっきり	効果	血行促進・発汗 体温上昇
キー素材	八角（健胃作用） ウコン（整腸作用） クミン（鎮静作用） 大葉（抗炎症作用）	キー素材	唐辛子（血行促進） 山椒（発汗作用） 黒酢（代謝促進） 焦がし麻油（保温）
テイスト	すり下ろした大葉をベースに、爽快感あふれる香りと、緑のソース	テイスト	灼熱のオレンジ色をベースに、黒酢と焦がし麻油が溶岩流を想起

コンセプト一つで、料理もこんなに変わる！　だからシェフは「テーマ」を説明する

どうですか？　あっと驚くレシピの出来上がりです。

　料理もコンセプト次第で大きく変わり、その作業も大いに楽しくエキサイティングなものとなる。「料理」を「仕事」に置き換えて、この話を振り返ってもらえるとうれしいところです。

クリエイティブの作法
を守れば、仕事も家事も、
楽しくはかどる

会社が届けているのは何ですか？
〜ビジネス思考のコペルニクス的転回〜

「ビジネスとは、商品やサービスを届ける行為」というのは大間違い。届けるべきは「コンセプト」であり、商品やサービスはそれを運ぶための乗り物でしかない。今回のドリルの題材は、みんな大好きなあの業界のV字回復だ。

「話す」「書く」「考える」より前に、まず「伝えたいこと」をしっかり定め、その後に、それをうまく表すための「素材」を集め、どのように話すべきか「手順」を整えること。それが前回の結論となります。

この「伝えたいこと」をコンセプト、そのための素材集めや手順作りなどを「コンセプトワーク」と呼ぶことにいたしましょう。

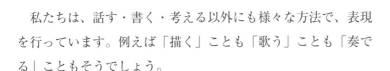

表現とは、「コンセプトを運ぶ乗り物」

私たちは、話す・書く・考える以外にも様々な方法で、表現を行っています。例えば「描く」ことも「歌う」ことも「奏でる」こともそうでしょう。

アートや自己満足ではなく、それらをビジネスとして成立させるためには、根本に「伝えるべきこと」、すなわち、その活動を通して、相手に何を伝えたいかという「コンセプト」があり、それが最適に伝わるよう構成する「コンセプトワーク」が必要となります。例えば、ミュージシャンなら、コンサートのたびに曲のラインナップを変え、会場内のオーナメントや照明も変える。そしてツアータイトルをつける。これらも、ツアーごとに「伝えたいこと」が異なり、それを最適に表現するための手段として、取りそろえるものを変えているわけです。

　俯瞰すると、世の中には数多くの表現手段があり、その表現手段に乗せて「コンセプト」を顧客や観客に運んでいるということが見えてきませんか？　だから、「話す」「書く」「歌う」「奏でる」といった行為は、**コンセプトを運ぶ「乗り物」**に例えられるでしょう。そして、それに積んだ大切な荷物である「コンセプト」が目減りせず、できれば輸送途上で熟成されてさらに芳醇（ほうじゅん）になるように、「乗り物や運び方をうまく組み立てること」（＝コンセプトワーク）が重要と考えられます。

　このことに気づかず、どんな乗り物を作ろうかと、乗り物の形や色、パワーなどにばかり目を向けてしまうから、何も伝わらなくなってしまうのです。

　最初に「大切な荷物（コンセプト）」ありきで、その性質によって、保冷車がいいか大型トラックがいいか、最適な輸送手段が決まる。そして、猛スピードを出すべきか、揺らさず安全に運

転するべきか、運び方もふさわしいものになる。だから、見るべきは「乗り物」ではなく、「荷物」！ということなのです。

商品やサービスも「表現手段」の一つに過ぎない

　ここまでは、たぶん多くのみなさんに納得いただけると思うのですが、問題はその先です。

　表現手段はあまたあると書きましたが、その一つに商品やサービスなども含まれると書いたらどうですか？　つまり、ビジネスとは、商品やサービスという「車」に、「コンセプト」を載せて、顧客に届ける行為だと――。

　この話をすると、以下のような声が聞こえてきそうです。

　「それは、ブランドとかコーポレートアイデンティティとかいうものかな？」

　「そんな空気のようなおためごかしじゃ、ビジネスは動かせないさ」、と……。

　私もその気持ちはよく分かります。例えば、「食の安全」とか、「ユーザーみんなを元気にしたい！」などが社是・社訓の会社が平気で食品偽装をしていたり、「より良き明日」を謳う大手メーカーが連綿と検査結果の改ざんを続けていたり。日本企業の至るところで、お題目と現実が大きく異なっている様<ruby>様<rt>さま</rt></ruby>を、嫌

というほど見せつけられているから、そう思ってしまうのも仕方ありません。

　なぜ日本企業のコーポレートアイデンティティ（CI）やブランドコミットメントが画餅となってしまうのか。それは、こうしたフレーズが、日々の活動の中で積み上げられたものではないからでしょう。日々の活動はノンコンセプトで営まれており、CIやブランドコミットメントはそれとは関係なく、上から押しかぶせた「お題目」でしかないのです。

　製品やサービスは「乗り物」であり、企業活動とは、それらにコンセプトを載せて、ユーザーに届けることなんだ。だからまずコンセプトありきで、それに最適な輸送手段を作り、それを運ぶのに最適なプロモーションをしていこう！

　こうした「クリエイティブの作法」に則って、日々の企業活動が営まれていたならば――。その延長線上にCIやブランドコミットメントが生まれ、それは製品やサービスと全く齟齬のないものになっていたはずです。

結局、世界観がビジネスの「天井」を作る

　「はじめに」で書いたスマホの話をもう一度思い出してください。

　日本では1990年代に、スマホとほぼ同じ機能・形状・値段である「ザウルス」や「クリエ」などのPDA（電子手帳）が大いに広まっていた。にもかかわらず、それらはスマホに昇華されず、日本はスマホ市場では後塵を拝し、世界に通用しない国となってしまった。この理由に気づいてほしいところです。

　ジョブズは「携帯PCが人々の生活を変える」というコンセプトを打ち出し、スマホはそのコンセプトを載せた乗り物でしかなかった。スマホ本体に留まらずマイク付き無線イヤホンやアップルウォッチ、iTuneなどの周辺サービスのどれもが、同じようにコンセプトを載せる乗り物となり、ユーザーに「PCを持ち運ぶ世界観」を届けるビジネス網を作り上げました。

　一方、日本のPDAは「デジタル手帳がビジネスパーソンを便利にする」がコンセプトであり、それ以上の世界観を作れなかったことが敗因なのです。

　いや、ひょっとするとPDAにはコンセプト自体がなかったのかもしれません。「手帳が電子式になると便利だね。紙もボールペンも不要で、何百ページも書けるからさ」。そんな思いつきから製品開発をしたのでしょう。そして、技術力で鳴らす日本メーカーは、CPUやメモリを奮発し、それに応じて虫食い的に「あれもできる、これもできる」と機能を追加し続けた。次にどんな機能を搭載するか、ユーザーであるビジネスパーソンにアンケートを取り、散発的にそれを追加しただけなのでしょう。

こんなやり方では、ユーザーであるビジネスパーソンが思い
つく「仕事周辺」の機能しか生まれず、スマホのような世界観
には行きつきません。

　その昔、家電のように1製品1機能で、その利用場面が限定
されていたときは、コンセプトなど不要で、ニーズに応じた技
術とアイデアだけでビジネスを拡大できました。しかし今日で
は、そうした「分かりやすい製品」作りでは、人件費の安い途
上国に太刀打ちできません。

　製品をプラットフォームにして、二次的な機能開発が行われ、
利用法もユーザー側が勝手に発見して、相互作用で広がってい
く……。スマホやタブレットのような複雑多岐なビジネスでは、
コンセプトレスな日本企業が行き詰まったのは自明の理で
しょう。

製品を作り、「機能を届ける」
なんてビジネスじゃ、ダメなんだ

回転寿司業界の見事な「コンセプトチェンジ」

　先進国で豊かな生活を送っていると、あらゆる場面で、クリエイティブの作法の大切さを痛感させられます。

　例えば飲食サービス業なども、コンセプト次第で大きく業績が左右されます。

　基本的に、目新しくておいしい、リーズナブルなメニューを開発すれば、そのチェーンはしばらくの間は、業界で優位に立てるでしょう。ただ、そんなメニューはすぐに他チェーンに真似されてしまいます。食品の世界はリバースエンジニアリング（競合商品を分解して研究する）が盛んですから、新レシピも間髪を入れずに流出してしまうに相違ありません。

　これだと、他社より優位に立つには、常に目新しい商品を開発し続けねばなりません。体力まかせで開発競争を続けると、早晩「何を作ったらいいだろう」状態に陥るはずです。

　それよりも、チェーンのコンセプトづくりから始めて、それに沿う形で、「乗り物」を開発するという流れに変えると、ビジネスはかなりスムーズになります。ここでいう「乗り物」は、商品だけでなく、店舗設計から人員配置、マニュアルの内容まで全てを含みます。**多彩な乗り物で、顧客に「コンセプト」を届けるのがビジネスだ**、と発想を転換してみたらどうなるか。

現実の事例をもとに、ワークで体感してもらうことにいたしましょう。

Question2　回転寿司業界の停滞と再成長

回転寿司業界は、2000年代に入ってしばらく、成長が鈍化しておりました。当時、小泉改革で景気は上り調子。外食産業は廉価店から高級店まで総じて高成長をしていた時代にもかかわらず、です。

ところがリーマンショックがあった2008年以降、再度順調に業績は伸び始めます。この勢いはアベノミクスで景気が良かった2016年（平成28年）頃も止まりませんでした。

片や好景気でも業績は伸びなかった時代、片や不景気でも好景気でも業績を伸ばした時代。同じ回転寿司なのに、なぜこのような差ができたのでしょうか？　下記のシー

トに書いてみてください。

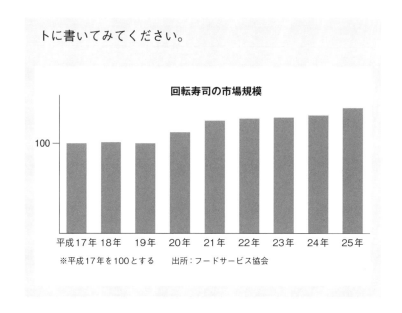

回転寿司の市場規模

100

平成17年 18年 19年 20年 21年 22年 23年 24年 25年

※平成17年を100とする　　出所：フードサービス協会

その理由

※巻末のワークブックに、実際に書き込むための解答用紙を用意しています。ぜひそ
れを使って、実作してみてください

　この業績V字回復は、クリエイティブの作法で説明できます。

　元々、回転寿司は「高級な寿司を安価で、気楽に食べられる」ことが原点でした。

　その昔、寿司は桶に入って一人前10貫などという形で食べるのが一般的でした。もちろんカウンターに座って好みで板前さんに注文もできたのですが、それはとても高い。そして、会計は不明朗で、大将の気分次第といった感じ。それでもいいという、「通（ツウ）」の行く場所だったのです。

　そうした風潮の中で、好きなものだけ安く明朗会計で食べたいというニーズが高まり、そこに目を付けたのが「第一次回転寿司ブーム」の始まりでした。当時のコンセプトはさしずめ**「高級なものをリーズナブル（合理的）に」**となるでしょう。

　だから、高級寿司店と同様に板前さんは顧客と対面で接し、寿司皿も、100円皿は半分もなく、200円の赤皿、300円の緑皿、500円の黒皿、700円の金皿などが流れていました。銀座で食べるような高級大トロが700円で食べられる！なんて話がウリになっていたのですが、当時若手サラリーマンだった私は、「1皿でランチ1食分か！」と思ったりしたものです。結局、ビジネス街や駅前を中心に店が一通り進出しつくすと、業界の売り

上げは頭打ちとなってしまいました。

　業界全体が危機感にさらされ、2002年頃から新機軸を探し始めました。それが結実するのが2005年くらいからなのです。その新業態は「寿司に強いファミレス」でした。コンセプトは**「庶民の味方、家族で楽しく！」**「**一番身近なレジャー**」でしょう。これを体現するために、店の造りもメニューもガラリと刷新していきます。

　まず、カウンター席主流からボックス席主流にした。板前さんはファミレス同様、キッチンに入り、次第にロボットが握り、アルバイトが接客をするようになっていきます。そして、1皿100円均一が多くなり、イクラやトロも銀座で出すほどの品質のものではなく、スーパーで買える程度のものになった。その分、新メニューにハンバーグや唐揚げ、天ぷらなどあらゆる「寿司」を作り、さらにケーキやフルーツもラインに載せた。その

コンセプトが先にあれば、企画は速い・正しい・楽しい

他、皿カウント用のルーレットや、注文品を運ぶトレインを導入して、まさに「家族が喜ぶ」レジャーに全体を変えた。

　こうしたコンセプトチェンジにより、郊外型大規模出店が成功して業績再拡大を始めるのです。まさに、コンセプト（伝えたいこと）とコンセプトワーク（伝えるべき最適な手段）の勝利ですね。

　付言すると、この多メニュー化は、売れ筋だけど実は原価率の低い商品を多々開発し、結果、見せ筋である本マグロやイクラなどの原価率を上げられるという想定外のプラスも生んでいます。

　回転寿司が伸びると、当然、コンセプトで競合する既存ファミレスでは売上減少が起きています。

　再度、心してください。ビジネスとは、商品やサービスを届

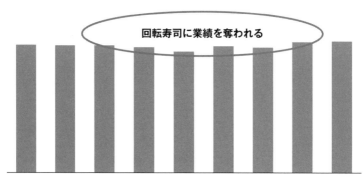

ける行為と考えるのはもう止めにしましょう。**運ぶべきは「コンセプト」であり、商品やサービスはそれを運ぶための乗り物でしかない**。そして、そのコンセプトを最適に実現するために、必要なものを取りそろえることが大切——。これは、天動説から地動説への転換のようなものです。そう、ビジネスのコペルニクス的転回と言うゆえんです。

コンセプトが事業を変えた
好例は **回転寿司**。隅々まで
新コンセプトが行き渡り大成功

会社がユーザーに届けているのは「機能」だと考えがちです。

例えば車なら、走る・運ぶという「機能」。

でも、では、何でこんなにたくさんの車が必要なんでしょう？　貨物車と商用車と乗用車の3種類があれば十分じゃないですか？

ここなんです。

車って、実はたくさんの用途があります。

- 異性にモテたい
- ステイタスを自慢したい
- 家族で思い出を作りたい
- 高齢者の日常生活をサポートしたい
- （主に若い女性が）ペットのようなアイコンとして（名前をつけたりして）かわいがりたい

どれも、単純な「機能」じゃ実現できませんよね。だから車は、購入ターゲットの願いを叶えるよう「コンセプト」が練られ、それを忠実に実現するために、機能やデザインが添えられ、さらにCMやパンフでそのイメージを膨らませ、販売員の口上や振る舞いでそれを増幅し……。

それらがコンセプト具現化のための体系となっている。これを「パッケージング」と呼ぶわけです。

このどこかに狂いがあると、顧客の要望とズレが生じ、満足を与えられません。

つまり、自動車会社は、車やプロモーションや販売スタッフを通し

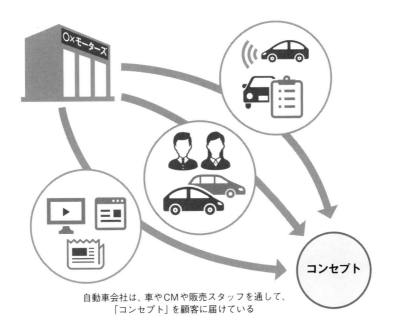

自動車会社は、車やCMや販売スタッフを通して、
「コンセプト」を顧客に届けている

て、「コンセプト」を顧客に届けているのです。お分かりいただけま
したか？

　単一機能の廉価な製品やサービスには、コンセプトメイキングなど
さほど重要ではないでしょう。でも、高額な商品や、パソコンのよう
に使い方が多彩なものは、機能だけでなく、コンセプトとパッケージ
がビジネスの肝になって来ます。パッケージ次第で、PCは何の変哲
もない地味な箱にも、魅了されて止まないガジェットにもなる。ぜひ
ともこの発想の「パラダイムチェンジ」を！

相手が見えているか、
いないかが勝負の肝

企業が顧客に届けるのは商品やサービスではなく、コンセプト。ではコンセプトづくりと、それを最適に運ぶ作業で大切なことは何か。名写真家の仕事術から学び、ここ3年の大問題をテーマにしたワークで体得しよう。

　前回、かなり頭を揺さぶるような話を書きました。

　会話、文章、絵や写真や音楽……。**表現手段は多種多様にありますが、それらは全部、ただの乗り物**でしかなく、そこに「**コンセプト」を積んで、受け手に運んでいる**のだ、と。

　この続きの「ビジネスも同じで、商品やサービスは『乗り物』でしかなく、そこにコンセプトを載せて運んでいる」という話。これにはさらに違和感が募ったことでしょう。その事例として、電子手帳とスマホの違い、そして、回転寿司業界のV字回復について書きました。いずれも、「コンセプト」にまつわる話です。

×商品やサービスを届ける
○商品やサービスは「乗り物」

　日本だと、この「コンセプトが先にあって、それをどう運ぶか」というクリエイティブの初歩が理解できない人が多い。商品やサービスは「機能」を提供するのだとばかり思っています。だから、顧客の喜ぶ機能、それを実現する技術力、とそんな話になってしまう。機能だけでは旗色がよくないと分かると、今度は「付加価値」なんて言葉を使いがちです。しかし、コンセプトとそれらは全く違う。この違いが理解されにくいのです。

　何度も同じ話を書いて恐縮ですが、電子手帳に「電話機能」を搭載すれば、それは「スマホ」になっていたでしょうか？　いいえ。ありえません。「ビジネスパーソンを楽にする」というコンセプトのままだったら、映画や音楽、ゲームなどで遊ぶ世界観とは異なる。ビジネスパーソンのみが顧客なら、プラットフォームとして多様なプログラム製作者が、日々アプリやソフトを開発することもないでしょう。あくまでもビジネスパーソン用に、「少数の」アプリを、メーカー自ら提供して儲けるという小さなアーキテクチャにしかならないのです。

　スマホは「携帯コンピューターが人々の生活を変える」がコンセプトだったから、全く異なる軌道をたどったわけです。

　これも繰り返しになりますが、ツイッターには、他のSNS

のように高機能ではありません。それでも日本で最大級のSNS
であり、全世界で年間6000億円を売り上げるビッグビジネス
となっています。そこには「今、この気持ちを、世界に」とい
うコンセプトがあり、ツイッター社はそれを忠実に守り続けて
いる。だからすぐつぶやける文字数に制限し、コンプラ的に問
題が叫ばれても匿名厳守で通しています。

　会社はユーザーにコンセプトを届けている。**「商品」や「サー
ビス」、店舗デザインや接客作法などが一体となって、コンセ
プトを具現化している**のだと、ぜひ、思考のコペルニクス的転
回をしてください。

　会議や営業活動など細事に至るまでこの転換が行えれば、コ
ンセプトワークに強い集団が出来上がります。そのうえで、CI
など企業全体のブランドコミットメントを作れば、会社の進む
道は明確になる。現在のCIは逆に「上からの」押し付けだから、
おためごかしなお題目に堕するのです。

その時、洋之助は、
老芸術家のあがきを撮った

　さて、コンセプトづくりと、それを最適に運ぶ作業で大切なこ
とは何でしょうか。この鍛えどころの話を以下に書いておきます。
　みなさんは名取洋之助という名前を聞いたことがあります

か？

　戦前に世界を席巻した写真家です。彼は日本工房というクリエイター集団を指揮し、そこから土門拳や亀倉雄策など、著名なアーティストたちを輩出しました。

　良家の子息である洋之助は、慶應義塾高校では落第生でした。つまらない授業に飽き足りなかったのでしょう。彼は早々に海外に旅立ち、ドイツのミュンヘンで芽を出します。そのきっかけになったのが、「大火事の写真」でした。これは、セクション1で課した「京都の火事」と同じ状況ですね。写真週刊誌に彼の持ち込んだ作品が高く評価され、そこで専属契約を得るのです。

　その時の写真はどのようなものだったか。

　タイトルは「喪失」です。

　そして被写体は、老人たち。彼らが必死にがれきの山を掘り返している。

　そこは美術館の焼け跡でした。

　そして、その老人たちは高名な芸術家……。

　そう、その美術館に飾られていた絵画や彫刻などの作者です。世間的に名があり顔も知られている芸術家が必死な形相で、土を掘り返す姿。それは読者の耳目を集めるでしょう。高貴な紳士をそこまで駆り立ててしまう「災害のインパクト」――報道写真としてはこの上ない出来ですね。

　当時、ドイツは第一次世界大戦に負け、国としての誇りが崩

壊していました。唯一、先進工業品としてカメラが世界的に評価されていたため、多くのドイツ人がそれに夢中になり、街にはカメラ小僧が至るところで見られたそうです。

　当然、事件だ、事故だ、災害だ、というと、山ほどの「決定的瞬間」を捉えた写真が編集部に送られて来る。それらの写真と、洋之助の作品はどこが違ったのでしょう？

　コンセプトワークに慣れていない人は、「写真なんて感性で見るものだから、良し悪しは、人それぞれだろう」とうそぶきそうですね。でも、それは間違いです。こと、商業領域において、感性は「最後の一匙」であり、その前にしっかりとした設計があるかないかが大切なのです。

　作品について良し悪しを語るときは、好き嫌いより、まず設計に目をやる。この基本を押さえておけば、「あの作品はいいね」「あれは物足りない」という的確な評価ができるでしょう。

　ここでまた、「考える」素材として、以下のワークをやっていただきましょう。

Question3　コロナ対策のポスター

　現在、新型コロナの変異株が猛威を振るっています。1都2府6県がまん延防止措置の対象となり、緊急事態宣言の発令も騒がれています。ただし、宣言を出せば経済は疲弊し、飲食店やホテルなどがつぶれる可能性も高い。

　この状況で、新型コロナウイルス対策のポスターを作ろうと思います。

　さてあなたはどのようなコンセプトで、どんなポスターを作りますか？

※巻末のワークブックに、実際に書き込むための解答用紙を用意しています。ぜひそれを使って、実作してみてください

伝えたいメッセージ　ポスターのコンテ
（コンセプト）　　　（構図・そこにある被写体などをラフで描き込んでください）

キャッチフレーズ

後で使います

後で使います

発想が山ほど出てくる秘訣は、
ターゲット設定を変えること

　本当に新型コロナウイルスは厄介ですね。感染拡大のたびに社会全体が不安にさいなまれます。このままでは生活も仕事も成り立たない、ということで、私が教鞭を執る大正大学の学生からは以下のような作品が出されました。

■作品1■
＜コンセプト＞
「ワクチン＋3密回避」の徹底で、通常生活が可能
＜作品＞接種証明とマスク着用で「会食を続けよう！」

■作品2■
＜コンセプト＞苦しい人に支援の拡充を
＜作品＞ホテルやカラオケ店にも補償を！

■作品3■
＜コンセプト＞高齢者こそ自粛してほしい
＜作品＞あなたの自粛が、あなたも社会も守る

　これらの作品は、いずれも「コロナ慣れ」した今だからこそ、

出てきたものですね。コロナ対策と経済活動の両立を図るという意図がよく表れており、今までに4回も緊急事態宣言を経験した教訓が生かされているのでしょう。時宜を得ている点が評価できます。

　さて、ではこれら3つの作品は、同じ素材（コロナ対策ポスター）にもかかわらず、コンセプトも表現（作品）もどうしてこんなに、てんでバラバラなのでしょうか。

　その簡単な理由がお分かりですか？

　それは、**伝えるべき相手（ターゲット）**が異なるからです。

> 1は、広く一般市民
> 2は、政治家や行政
> 3は、高齢者

　コロンブスの卵ではないですが、言われればみな、分かる話ですね。ただ、ここが「アイデアがすぐ浮かぶ人」と「そうでない人」の違いでもあるのです。アイデア百出のための1つのポイントは、**同じ素材に対して、ターゲットを変えられ、そこから異なる訴え方（コンセプト）が導き出せるかどうか**。それだけのことが多いのです。

　ターゲットが変われば、コンセプトも変わり、そしてそのポスターを貼る場所（メディア）も変わる。1なら電車内や飲食店、2であれば官報もしくは役所や議会告知板、3であれば高齢者施設

や医療機関などになる。こうやって、多種多様に設計ができます。

ターゲットの反応を読む癖が、コミュニケーションの精度を上げる

　この「ターゲットとコンセプトをセットで考える」癖があるかないかで作品の質も大きく異なります。ここでもう一度、洋之助の話に戻りましょう。

　ドイツに跋扈したカメラ小僧たちはなぜ、評価される写真を撮れなかったのか？

　その理由は「ターゲットを考えていなかった」ことに尽きます。そこに気づきましたか？

　カメラ小僧たちも事故や事件、災害の「悲惨さ」を伝えたいとは考えていたでしょう。だから、伝えたいものはありました。でも、事件や事故の現場写真を「決定的瞬間」として、マスコミに送ったらどうなるか……。

　仮に、その悲惨な写真が、新聞なり雑誌に載ったとしましょう。その先にいる読者はどのように感じるか？

　たぶん、多くの人は、「うわ、見たくない」と紙面を閉じてしまうはずです。まさに「目を覆う」ような、いたたまれない光景なのですから。

　結果、本来ならたくさんの人に読んでもらってこそ意味のあ

る記事が、この写真のせいで台無しになってしまう。つまり、「悲惨さ」という荷物は届かないのです。

　「ターゲットを設定し、そのターゲットがどのように受け取るか」、それを徹底的に考えること。会議の提案事項であれば、そこでキーパーソンとなる担当役職者を想定し、その人がどのように思うか。そのために一番良い「コンセプト」は何か、そしてその説得のための手順はどうするか。営業なら「今日訪問するお客様」の反応を想像すべき。会議や営業の事前準備といったミクロな作業も、ターゲットとその反応を事前に想定することで全く変わります。

　さあ、先ほどのワークで空白にしていた2つの欄を、以下の要領で埋めてみてください。

※巻末のワークブックに、実際に書き込むための解答用紙を用意しています。ぜひそ
　れを使って、実作してみてください

伝えたいメッセージ　ポスターのコンテ
（コンセプト）　　　　（構図・そこにある被写体などをラフで描き込んでください）

キャッチフレーズ

伝えたい相手

相手はどんな反応をするか

この作業を企画・発表・顧客訪問などの前に、ぜひとも癖に
してほしいところです。

あなたは「**伝えたい相手**」
が見えていましたか？
その人がどう感じ、どう行動するか、
想像していましたか？

あなたは腕が欲しいのですか？
それとも目が欲しいのですか？

　洋之助の視線は、写真が載るメディアの「その向こうにいる
読者」に向けられていた。当然、編集部も同じように考えてい
るから、目線がピッタリと合う。件の事件の場合、物が雑誌な
だけに、写真が掲載される日は火事から相当日にちが経ってい
る。それでもインパクトをもって読者に届けられるメッセージ。

　それが「大切なものを失うつらさ」であり、その乗り物とし
て「高貴で名のある芸術家」を用いたわけですね。実に素晴ら
しい「目」です。

　さて、洋之助のすごさを物語る後日談があります。

　この直後、洋之助は、一度、契約していたウルシュタイン社
をクビになっています。実は、この写真を撮ったのが、彼では
なくドイツ人の姉さん女房だったことがバレたためです。当時
の欧州では東洋人はまだ珍しく、「この得体のしれない嘘つき
野郎」と見下されたのでしょう。

　対して洋之助は、動じることなく冷静にこう主張したそうで
す。

　「妻は、この写真の価値が分からず、ゴミ箱に捨てました。
私は、それをゴミ箱から拾い出し、あなたに送ったのです。**あ
なたが欲しいのは"（写真を撮影する）腕"ですか、それとも
"（価値を見抜く）目"ですか**」と——。

　この問いに同社の社主は、ぐうの音も出ず、あわてて再契約
がなされたそうです。

　日本企業のお偉いさんは、この基礎的なクリエイティブ作法
にさえ通じていないケースがまま見受けられます。ちょっと前
に、「**女性が、どんどん主役になる**」というキャッチフレーズで、
ある大きな自治体がポスターを作りました。そこには若くても
50代、上は70代と思しき男性、それも全員がダークスーツで

並んでいる……。これを見た人が、キャッチフレーズとかけ離れたビジュアルに、思わず噴き出してしまうことが、全く想像できないのです。

こんな事例は、枚挙にいとまがありません。つい最近も「TOKYO CROSS PARK構想」なる都心再開発計画が発表されました。「人が主役の街づくり」「おもてなしが広がり、人が集う街」「すべての人々のwell-being」「持続可能な街・社会」とけっこうなご託宣が並ぶのですが、パブ写真には、やはり、スーツ×ネクタイ姿の白髪男性陣。

良き反面素材に事欠かないのが、我が国のビジネス界であります。

ダークスーツのオジサンたちが、
「女性活躍」や「未来志向」を
訴えるポスターとか。
ほんま、**見る人の反応、**
考えてないよなぁ…全く

名人は頭の中で、
シナリオを展開し続ける

ターゲットを見つけ、クリアなコンセプトをつくる「シナリオづくり」。それを日常的に繰り返すことがクリエイティブの作法を身につけるには欠かせない。伝説のクリエイターが入社希望者に課すワークで、シナリオづくりを体感してみよう。

最初にここまでの「復習問題」から入りたいと思います。ここまで学んだクリエイティブの作法がどのくらい身についているでしょうか。

【復習問題】今、ロシア・ウクライナ戦争では、至るところで悲惨な出来事が起きています。虐殺、拷問、強姦、飢餓、難民化……。さて、あなたは、この戦争をモチーフに、ポスターを作ることにしました。どんなポスターを作りますか？
ポスターのコンテ（ラフな構成図）とキャッチフレーズを考えてください。

※巻末のワークブックに、実際に書き込むための解答用紙を用意しています。ぜひそれを使って、実作してみてください

```
┌─────────────────────────────────────────────────┐
│ ポスターのコンテ（構図・そこにある被写体などをラフで描き込んでください）│
│                                                   │
│                                                   │
│                                                   │
│                                                   │
│                                                   │
│                                                   │
│                                                   │
│                                                   │
└─────────────────────────────────────────────────┘
┌─────────────────────────────────────────────────┐
│ キャッチフレーズ                                   │
│                                                   │
│                                                   │
└─────────────────────────────────────────────────┘
```

　いかがですか？

　また、「何を書こうか」と、小学校の作文の時間になってしまった人は、落第です。

　「何を書くか」ではなく、「何を伝えるか」＝コンセプトを考えた人は、クリエイティブの作法として正しい第一歩を踏み出せていることになります。ただ、そこで悩んで、思考が止まってしまった人も多いのではないでしょうか？

　その理由は「第二歩」を忘れていることにあります。

ターゲットが定まると
「言いたいこと」が見えてくる

<u>「誰に」＝ターゲットも決めてしまいましょう</u>。そうすれば、コンセプトも見えて来ます。ロシア・ウクライナ戦争をモチーフにするのであれば、伝えるべき相手は多々考えられるでしょう。

・政府要人
・被害者
・受け入れ国、ボランティア
・支援国（EU、アメリカ、日本など）
・中立国（インド、中国など）
・加害者（ロシア軍人）
・企業（ロシアに進出している企業、ロシアの資源企業、軍需産業）

　こんな感じで、多々、ターゲットを想定できるはずです。この作業を以下の図のように整理すると、機械的に多彩な「ターゲット」候補が浮かびあがります。
　こうした整理ツールを「**フレームワーク**」と呼びます（フレームワークについては、回を改めて勉強することにします）。

	政府	当事者	関係者	企業
ロシア				
ウクライナ				
欧州				
アメリカ				
中国・インド				
日本				

　ターゲットが定まると、彼らに対して言いたいこともだいぶ見えて来ますね。この「第一歩」「第二歩」がきっちりできれば、「何を書こうか」と悩むことはかなり少なくなるでしょう。

　ただ、あまりにも当たり前すぎて、誰もが簡単に思いつくものは、「伝える必要性」がほぼありません。「分かっているよ」で終わってしまうからですね。

　例えば、「ロシア」の「当事者」というセルに、「ロシア兵」を置いた時、「殺すのは良くない」と書いても、何の説得力もないでしょう。どうしたら際立ったコンセプトになるか。

　ここから先が今回の本題となります。

　この表を睨みながら、「それだ！」と思えるようなターゲットを見つけ、クリアなコンセプトをつくる。この作業を私は「シナリオづくり」と呼んでいます。ターゲットがどう感じ、どん

な行動に出るか、想定する作業だからですね。

　例えば、上記のロシア兵でも、将官級の偉い人、職業軍人、動員されてやってきた素人と、大まかに分けても3種の人が思い浮かびます。このうち前2者は軍人として給料をもらっているのだから、何を言ってもあまり耳を貸してはくれないでしょう。

　一方、動員された召集兵は、本来一般民衆であり、戦争などしたくなくて、嫌々出向いている人が多いと思われます。彼らに向けてポスター（チラシ）を作るのなら、効果はてき面。これで創作作業の視界が開けました。例えば、「**こんな悲惨な死に方をします**」をコンセプトに、同僚兵の非業の最期の写真を配ったら。もしくは、「**投降したら自由とお金がもらえる**」をコンセプトに、戦車と1万ドルとウクライナ旅券を並べたら（戦車付きで投降した場合、1万ドルとウクライナ永住権がもらえる）。どうですか？　響くでしょう。

　こうした絶好のターゲット×シチュエーション×コンセプトをセットで考える作業が、シナリオづくりの要諦です。

洋之助の時代の日本は、各国から今のロシアのように見られていた

　前回登場した写真家、名取洋之助には、シナリオづくりでも

とても良いエピソードがあります。

　彼はドイツでの活躍を皮切りに、1930年代にはアメリカの報道写真誌「LIFE」の契約カメラマンとなります。ここで、洋之助は同誌の日本特集を任されました。それも京都や奈良など日本の古都を取り上げるという内容です。

　みなさんなら、どんな「コンセプト」を考え、どのような乗り物（作品）にそれを託しますか？

　まずは、当時の状況を振り返ってみましょう。

　1930年代の日本は、世界大恐慌をいち早く乗り切りましたがその原動力となったのが、中国への侵攻です。それは最初の事変を通して満州国建国にまで至り、同国の承認を得られなかった日本は、国際連盟を脱退して孤立していきます。そうして2つ目の事変が起き、泥沼の日中戦争にはまっていく。その中で、南京大虐殺などが欧米マスコミで報道され、当のLIFE誌でも南京周辺の線路で泣き叫ぶ子供の写真（実は捏造！）が掲載されました。

　つまり、当時の日本は、世界中で四面楚歌の嫌われ者、今でいえば北朝鮮やロシアのような存在だったのでしょう。ここで、汚名返上の意味も込め、LIFEは「良き日本」を撮る特集を組んだのです。

旅人の足を洗う女中さんや、絵のような夕飯を撮った理由

さあ、みなさん、どんなコンセプトでどんな作品を撮りますか？

荘厳なる神社仏閣の伝統美、形式美？

もしくは、山々まで計算されて植樹された美しい紅葉？

茶器や漆器、刀剣、着物などの骨董品？

こんなものをモチーフにしようものなら、「侵略で得た富できらびやかな文化風物作りか！」とますます嫌われてしまうところでしょう。

プーチンの「汚名返上」写真を撮るのと同じくらい難しいですね。いい加減な話であればすぐに疑われるだろうし、そもそも読者の多くは嫌悪感を持っているので、よほどの何かがなければページを繰る原動力とはなりません。

そこで洋之助が選んだコンセプトは「おもてなし」だったのです。「お・も・て・な・し」は、2020年東京オリンピック・パラリンピック招致のプレゼンで使われて流行語となりましたが、その80年も前に、洋之助はこの言葉の切れ味に気づいていました。

一部の軍人の暴走はあれど、日本民族は古来、思慮深く相手を慮る「おもてなし」の精神を持っていることを、欧米の読者

に届けようとした。

　さて、それを運ぶ乗り物（素材）は何にしたか？

　それは、お題にあった京都・奈良の「旅館」だったのです。

　当時、旅の多くは徒歩での移動であり、汚れてくたびれた足を、旅館の玄関で出迎えた女中さんたちが、大きなたらいに湯を張り、洗ってくれる。そんなところから特集は始まります。

　続いて、食事。日本の旅館は、西洋のそれとは大きく異なり、夕食がついている。なぜか？　当時はガイドブックなどありません。地の名物など口伝（くでん）でしか分からないのです。その役目を果たすのが、「夕食」でした。夕食は膳の順に則って仲居さんが運んできて、そして説明をする。地の旬が分かり、食材や調理法の裏話や、取り寄せ元となる名店などを語る。立派なガイド役を果たしていたわけです。

　欧米人とて旅慣れた人はいない時代でしょうから、こんなサービスはぜひ受けてみたいと思うでしょう。いや、現代だってこんな特集があれば世界中から観光客が押し寄せるのは間違いありません。そして「日本はすばらしい」と思ってくれるに違いない。

　もちろんこの特集は大成功で、いよいよ洋之助の名は世界に知られて行く。時は第二次世界大戦直前！にもかかわらず、です。

　どうして洋之助はここまで、時空を超えて人をうならせるよ

うな表現が、できたのでしょうか。さあ、また「考える」素材
として、以下のワークをやっていただきましょう。

Question4

　九州地方から東京駅に出てきたであろうおばあさん。な
のに手荷物1つの軽装。これから会社に通勤しようとして
いるあなたに、こんな質問を投げかけました。

　「六本木ヒルズには、どげんしてゆけば、よかとです?」
　さてあなたならどうしますか?

※巻末のワークブックに、実際に書き込むための解答用紙を用意しています。ぜひそ
　れを使って、実作してみてください

解答欄

仲畑事務所の入社試験、
解くカギは「シナリオづくり」

　これは実は、コピーライターの巨匠として有名な仲畑貴志さんの事務所の入所試験で出された問題を題材としております。クリエイティブ作業の資質がある人か否かがよく分かるワークといえるでしょう。

　これは、「相手（＝ターゲット）」を慮る手順を問う問題に他なりません。

　このなまりの強い言葉遣いからすると、東京には慣れていない高齢者と思えます。ただ、その一方で「軽装」であるのは不思議ですね。田舎から来たのなら重装備のはずです。近くのホテルに泊まってそこから来たのでしょうか。それに六本木ヒルズという目的地も違和感があります。高齢の人にはあまりなじみがありませんね。

　こうした「よく分からない相手」に対峙したときに、どうするか、が問われています。同時に、通勤途中で会社に行くあなたの事情も考慮せねばなりません。もし、あまりにも親切をしすぎると、あなたは会社に遅刻してペナルティを受けてしまいます。つまり、こちら側の持ち出せる親切にも制約がある。

　ここでやるべきは、相手に最適なサービスを提供するための、ヒアリングのシナリオをつくることです。

　まず、東京駅から六本木ヒルズに行くための選択肢をすべて
出してみる。これは普通に考えると、「バス」「電車」「タクシー」
「徒歩」の4つしかないでしょう。

　続いて、この4手段について、メリットとデメリットを整理
してみる。それを図表にすると以下の通りです。

	メリット				デメリット				
バス	安い	お金	目的地近くまで行ける	地理	時間が読めない	時間	バス停まで誘導が必要	手間
電車	安い	お金	時間が正確	時間	駅と目的地が離れている	地理	駅まで誘導が必要	手間
タクシー	誘導が不要	手間	目的地まで行ける	地理	お金がかかる	お金	時間が読めない	時間
徒歩	お金がかからない	お金			時間がかかる	時間	体力がいる	体力

　整理すると、以下の5ポイントを聞けば良いことが分かります。

お金 → お金があるか？

手間 → （自分に）時間的余裕があるか？

地理 → 土地勘があるか？

体力 → 歩けるか？

時間 → 急いでいるか？

この5問が過不足なく聞ける最短フローを以下のように作れば、シナリオは完成。

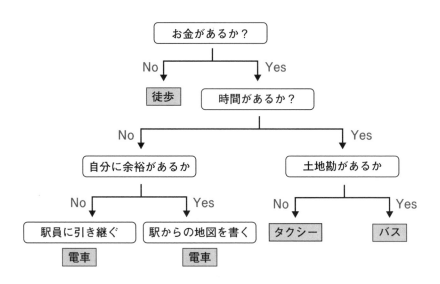

要は、相手の反応の先々を読み、その過程で分岐した選択肢を排除していく作業が、シナリオづくりと言えるでしょう。

**想定→選択肢→排除を繰り返し、
頭の中でシナリオを何度も展開する癖をつける**

洋之助のような天才でも、この作業を何度も繰り返していたのだろうと私は想像しています。先ほどの「1930年代の日本」

というお題をLIFE誌の編集長から出された時も、きっと、歩きながら、用を足しながら、はたまた夢の中で、この**先読みと選択肢の排除**を繰り返しやり続けたのではないでしょうか。

きらびやかな神社仏閣や骨董品などは、「領民からの搾取」が思い起こされ、それが時代的には最悪だ。和装などはすでにモネに代表される印象派のモチーフになっているから、二番煎じだろう……とボツを繰り返し、世界から孤立した日本をひっくり返す軸を探す。そして、「これなら」という一筋が「おもてなし」であり、その筋が見えたら、今度は、洗足、夕食……と連なる事象を列挙して、ここでまた、そのインパクト（読者の感じ方）を想定し、取捨選択を続けたのでしょう。

天才の名をほしいままに、なんでこんな名案が思いつくの？と傍から羨ましがられる人は、思いつき力もさることながら、この**「想定」「選択肢」「排除」を根気よく続けられること**が大きいのだと思います。

そして、この作業を続けていると、ボツになった選択肢がたまることにより、また腕が磨かれていきます。そのボツが次の妙案になることもあるし、すぐに何度も自分の中で出てくるようなボツ案は、すなわち「ありきたり」という相場観がつく。それは、希少性や面白みなどを測る時の判断軸にもなります。そして、案出し、取捨選択、筋道発見、その筋に沿った適案の再検索のスピードがどんどん速くなっていくのです。

またまた、みなさんの日常に戻ってください。

総じて言えるのは、**名人はみな、この「案出し→取捨選択→筋道発見→適案の再検索」作業が大好き**なのです。好きこそものの上手なれとは、よく言ったものですね。

企画会議や顧客訪問前に、「この案を出したら、相手はどう反応するか」を考え、「選択肢」を排除し、筋道を見つけていく作業を根気強くやっていますか？

それをワンルーチンで終えていませんか？

ひとたび良い選択肢が見つかったら、そこで終えず、その選択肢の方向性＝筋道の延長線上に連なるいくつもの同系統の選択肢を再検索していますか？

上司や顧客相手に、常にこの作業を行い、鍛えておけば、より大きなコンセプトワークが必要となった時も、必ずや役に立つはずです。

創造力のある人って、
考えるのが好きなんだよね。
「案出し→取捨選択→筋道発見→適案の再検索」
を一日中やってても飽きない。
そのプロセス、みんなも楽しんでみてください

　1章で名人がやっている創作の作法を書きました。

　その昔、リクルートの役員に、文化勲章を受賞した亀倉雄策という名デザイナーがおりまして。当時、若手の制作スタッフが、社内で賞をとると、この爺さまのお付きをさせてもらえたんです。それも、自分の業務を終えたあと、深夜に亀倉翁のところに行き、そこから彼の話を文章に起こして、氏の会報「縦書き横書き」というミニコミ誌の記事にするという無償の仕事。まあ、昭和なブラック労働なんですが、それを私らは誇りに思い、喜々として承ったものです。

　半徹夜で翌朝までに仕上げ、翁に渡すと目の前でビリビリと破かれ、「こんな下手くそ、俺の雑誌に載せられるか」と一喝。やおら記事を書きだし、あっという間に仕上げてしまう。

　でそれが、面白くて分かりやすく心を打つ。デザイナーなのに文章もうまい。こりゃ完敗とガックリ……。

　今じゃ、こんなのパワハラですが、でもね、この試練は私を成長させてくれました。

　亀倉さんの感性にほだされ、そして、賞を連発して小天狗になっていた私の鼻をへし折り、さらに、珠玉の逸話を毎回聞かせてくれて。

　この章で登場した、名取洋之助という日本随一の写真家の話も、亀倉さんに聞きました。創作魂の鍛錬に役立ついい話ですね。

2章

パッケージングが
コンセプトを強くする

マーケティング用語で誤解が多いのが、パッケージングという言葉です。これは、コンセプトに沿うように、ビジネス要素を「箱詰めする」こと。多彩な商品群はもちろん、サービスマニュアル、人材、店舗空間、CMなどを足並みそろえて、そこに詰め込む。その際、コンセプトに合わない要素は取り除く。さすれば、この一群が束になってコンセプトを運び始めるのです。

あらゆる「乗り物」を使い、コンセプト勝ちした日本のコンビニ

Section 1

本章では「パッケージング」について学んでいく。コンセプトに沿うように、店舗や人材、広告、マニュアルなどを足並みそろえて詰め込む。その秀逸な事例が日本のコンビニだ。

マーケティング用語で誤解が多いのが、「パッケージング」という言葉。本章ではパッケージングについて学んでいくことにいたしましょう。

東南アジアのコンビニは日本発ばかり

マーケティングの基礎用語に「ポジショニング」という言葉があります。直訳すれば「位置どり」ですね。つまり、同業界や同地域の競合と比較して異なる立ち位置を見出すこと。それはとりもなおさず、競合他社とは異なるコンセプトを顧客に提供することです。だからこれも、「コンセプトワーク」の1手法と言えるでしょう。

ポジショニングをしっかり意識し、他と異なるコンセプトを

導き出し、華々しい成功を収めている事例が世の中にはあります。ここでまた、説明のためにワークをやっていただきます。

Question5

台湾をはじめとした東南アジアには日本発のコンビニエンスストア（CVS）が多々あります。それに比べて欧米発のCVSはほとんど見かけません。

もともとCVSはアメリカで誕生した小売形態であり、東南アジアへの進出もアメリカに本部を置くチェーンが先行しました。

なのになぜ今は、日本発のチェーンが多いのでしょうか。

※巻末のワークブックに、実際に書き込むための解答用紙を用意しています。ぜひそれを使って、実作してみてください

その理由

3大コンビニチェーンの
キャッチフレーズを並べてみると

　これ、不思議な話ですよね。コンビニってアメリカ発のビジネスなのに、中国でも台湾でも東南アジアでも、圧倒的に「日本発」のチェーンが浸透している。セブン-イレブンなど、米国本社を日本が買収し、今では日本企業になっています。

　どうして日本のコンビニはこんなに強いのでしょうか？

・POSを活用したマーケティングがうまい
・商品開発力があり、目新しい商品を次々と発売する
・店内デコレーションが秀逸
・スーパーバイザー（SV）がしっかりしていて、チェーンへの指導が行き届いている
・ドミナント戦略によって配送などを効率化している

　優位性の源泉として、上記のような技術・機能を挙げる人が多いのではないでしょうか。

　ちょっと待ってください。確かに、こうした機能や技術は優位性の一面ではあるでしょう。でも、いずれも、すごいパテントがあったり、秘密技術が必要だったりするものではありません。コア社員を引き抜いて、そのノウハウを詳らかにすれば、キャッ

チアップは可能です。日本の一人勝ちにはならないでしょう。

　とすると、表面上のこうした技術力とは別に、引き抜き程度では再現できない「何か」があると考えられます。

　いったいそれは、何でしょうか？　それを探るために、試しに日本の3大コンビニチェーンのキャッチフレーズを並べてみます。

・**あなたと、コンビに、**ファミリーマート
・セブン-イレブン、**いい気分**
・マチの**ほっと**ステーション（ローソン）

　ここに一つの共通した「ポジション」が見えて来ませんか？

米国チェーンは「24時間便利」という コンセプトで敗退

　コンビニエンスとは直訳すると「便利」という意味です。その名の通り、本家アメリカでは、コンビニは「便利」を顧客に提供するビジネスです。だから、今でもアメリカ中にコンビニはあります。ただし、大規模店はそれほど多くなく、ハイソな人は近寄らないような雰囲気を醸し出しています。こんなあんばいだから、アジアでも人気が出なかったのでしょう。

「24時間、いつでも便利に」

これがコンセプトだとすると、顧客は必要な時に来て、必要なものを買ったら帰っていく。思い立ったら、パッと行き、サッと帰ることになるでしょう。

こんな状態で長時間営業をしていたらどうなるでしょうか？

深夜帯など客は少なく、来店してもすぐ帰ってしまう。つまり、店員のみの時間が長く発生するでしょう。長居するのは住まいに困っているような人ばかりとなり、空白時間帯を狙った盗難事件が頻発しかねません。

それを防ぐためには、外から店内が素通しでよく見えるようした方がいい。結果、POP（店内広告）やデコレーションは剥がされ、窓もドアも壊れにくいよう、太くて厚めの金属枠になっていく。

そうすると殺風景なので、ますます長居する人は減っていく。こんな感じで、アメリカのコンビニは負の連鎖に陥ってしまったのでしょう。

 ## 新コンセプトを様々な「乗り物」で忠実に体現した日本のコンビニ

対して、日本のコンビニのコンセプトは何でしょうか？

もちろん、いつも便利、は当然です。前記3社のキャッチフ

レーズを見直してください。「あなたと、コンビ」「いい気分」「ほっと」。

　そこに見える軸は、「**いつも、何か楽しい**」ということ。それもとてもうまい言葉で、「**あなたに心地よく長居してもらいたい**」という雰囲気が出ています。

　もちろん、それがいわゆる形だけのお題目なら、意味はないでしょうが、コンビニ各社は、このブランドコミットメントを、事業全体で忠実に実現しているのです。

　思い浮かべてみてください。

　どのコンビニでも、雑誌や本が置いてある棚に面した通路は、少し広めになっています。理由は分かりますか？　そこで立ち読みしやすいようにしてあるのです。多くのコンビニでトイレを自由に貸し出しているのも、キャッチフレーズの通りでしょう。アイスクリームのケースは、引き戸式からオープン型にどんどん変わっています。ケースに手を入れて商品を探すのだと、冷たいので2、3個しか見られないでしょう。オープン型なら、開けずに目視で楽しみながら探すことができます。

　広さに余裕がある店には、必ずと言っていいほどイートインスペースがあり、そこで無料Wi-Fiまで提供しています。店内カフェやドーナツ、スイーツ類が充実している店舗もあるので、下手なファストフードよりも、中高生のたまり場となっています。店内では、独自放送が流れていて、そこそこ有名な芸能人がDJ役を務め、それ自体聞いていても面白いものです。加えて、

季節や地域にちなんだ新製品を紹介し、売り上げ増に寄与しています。こんなことが相まって、ついつい長居してしまう、暇なら寄ってみたくなる……。

日本独特の「無駄なおもてなし」がコンビニ業界の成功要因

最後に書いた「季節商品」「地元商品」というものも、日本の特色だということをご存知ですか？　日本の食品メーカーは毎年実に多くの新製品を開発しています。例えば、キットカットなど、欧米ではせいぜい3〜5種のラインナップが関の山ですが、日本は地域・季節ごとに100種類以上を誇ります。

それは日本の食品メーカーの弱みとも言われ続けて来ました。そこまで多彩に商品をそろえても、実際、売り上げの8割以上は定番の売れ筋が稼ぐので、業績には大して寄与しないのです。例えば、大手スナックメーカーでは年に40種もの新作ポテトチップを出すそうですが、そのうち、翌年以降も残るのは1〜2種あれば上出来だと言われます。

欧米ではこんな「無駄」はやりません。

ポテトチップの「プリングルス」など数十年間ほとんどラインナップが変わっていないでしょう。対して、日本は卸や小売、そしてユーザーを喜ばせるために、こうした無駄を続けていま

す。だから、食品メーカーの利益率は欧米の同規模メーカーの半分以下だったりしたのです。

ところが、コンビニの店内ではそれが当たりました。様々な新商品が次々と店頭に現れるので、お客はコンビニに行くことが「楽しみ」の一つになる（時にそれが、恵方巻の大量廃棄などと悪いニュースになってしまうのですが）。

例えば真夜中に寝付けない時など、何となくコンビニに足を運んだりしませんか？

夜道を一人で歩いて不安な時に、コンビニの明かりを見るとホッとしませんか？

「何か楽しい」「用がなくても行きたい」……。いかがでしょう。

ここまできれいに「コンセプト」を全力で体現している。だから、日本のコンビニは、海外で欧米チェーンを凌駕できたのでしょう。

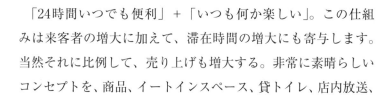

「滞在時間拡大戦略」なんて無味乾燥な言葉を使わないで！

「24時間いつでも便利」＋「いつも何か楽しい」。この仕組みは来客者の増大に加えて、滞在時間の増大にも寄与します。当然それに比例して、売り上げも増大する。非常に素晴らしいコンセプトを、商品、イートインスペース、貸トイレ、店内放送、

81

新製品、立ち読みスペース……といった多様な「乗り物」に載せて、全力投球で顧客に運んでいます。

　マーケティング的に、2軸分析でポジショニングを図示すれば、下のようになるでしょう。

　「いつも楽しい」というコンセプトは、要は、滞在時間拡大戦略の1戦術として生まれたと見なすこともできそうです。マーケティングの授業であれば、サラリと要素分解してそんな解説をしてしまうところですが、ここは実社会で生きているビジネスパーソンにぜひ、肝に銘じてほしいところです——**言うは易く、行うは難し**と。「滞在時間を拡大する戦略を打とう！」と声を上げても、それを「いつも楽しい」に結び付けられる人は少なく、そして、一糸乱れぬラインナップでそれを叶えるのは

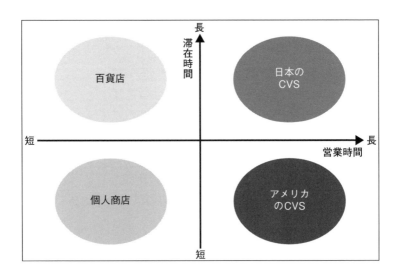

さらに難しい。だからこそ、日本のコンビニは勝てたのです。

国内コンビニ各社も 微妙に異なるポジションをとっている

　欧米と日本という比較で見た時に、コンビニエンスストアのポジショニングに大きな違いがあることが分かりました。ただ、もしコンセプトがそれだけであれば、日本にはコンビニが1社あれば十分になってしまいます。

　なぜ、大手だけでも3社もあり、中堅・地場まで入れれば数多くのコンビニがいまだに残っているのか？

　それは、日本のコンビニ同士でも、細かく見ればそれぞれが、他社とは異なるポジションをとっており、その違いが、いくつものチェーンの延命を許しているのです。

　そのポジションの違いは各チェーンの出自によるところが大きいでしょう（ここに立ち入ると、リソース論などが関わるため深入りはしません）。

　例えば、セブン-イレブンは、プライベートブランドの開発がうまい。おにぎりやサンドイッチなどナショナルブランドがない製品は、やはり「セブンが一番」という声をよく聞きます。これは同社の中興の祖である鈴木（敏文）イズムが効いているのでしょう。

一方、ローソンとファミリーマートは業態開発が得意です。こちらは、バックが総合商社ゆえになせる業でしょう。ただ、同じ業態開発でも、ローソンは「ローソンストア100」や「ナチュラルローソン」などのサブブランド開発が目立ちます。対してファミマは、「クリーニング」「ファストフード」「弁当店」などとのジョイントが得意であり、ここにも、立ち位置の違いが見て取れます。

　いずれにしても、「他社と同じことをやっていてはダメ」ということがよく分かるでしょう。そのために、ポジショニング戦略は重要で、そこから生まれた秀逸な「コンセプト」を体現すれば、ビジネスは輝くという話でした。

　蛇足とはなりますが、この「滞在時間の増大」戦略により、店にはいつも誰か客がいる状態が生まれます。そのことは、深夜帯の犯罪率の低下にもつながります。日本でも地方のコンビニでは犯罪が多いという声がありますが、アメリカと比べればケタ違いに少ない状況です。この点も、アジア各国を惹きつけた一因とも言えるでしょう。

ポジショニングで他社と異なる
コンセプトを打ち出し、それを、
商品・店舗デザイン・マニュアル・CM
など一糸乱れぬパッケージにして、運ぶ

　本章から徐々に、かつ知らないうちに、STP分析へと前進します。

　え、それ何？と言わず、まあ、読み進めてください。答えは終盤にしっかり出てきます。

　私たち企画畑で鍛えられた人間って、もう空気のように当たり前にSTP分析、いつでもやっちゃうんですよ。例えば、講演していて地元企業の社長さんから質問を受けた時なども、答える前に逆質問し、我知らず頭の中でSTP分析してる感じ。職業病っていうか、慣れというか。

　この企画担当者にとって当たり前のエートスは、外野の方からすると、分かりにくいようで。専門書やMBAの授業だと理解が難しい、しっくりこないという嘆きの声を多々聞いてきました。

　ということで、何気なくワークを続けて、知らないうちにSTP分析ができるような作りでドリルを進めます。

　「もったいぶらずに、STP分析って何か教えて」なんて言わないでくださいね。

「学校出たら勉強しよう」と
日本経済新聞がつぶやいた理由

新商品開発だけでなく、今ある事業や商品も「ポジション」を明確にすることで、販売手法や広告などのパッケージングを魅力的にできる。ビジネスパーソンになじみ深いあのメディアを題材に、実際のポジショニングに取り組んでみよう。

他社とは違う立ち位置を軸にし、そこから秀逸なコンセプトを編み出していく。これが先に説明したポジショニング戦略の要諦でした。では、どうやったらそれがうまくできるようになるのか。以下のコンセプトワークをしていただきます。

Question6

日本経済新聞の拡販広告を打つことになりました。以下、必要な要素を決めてください。

※巻末のワークブックに、実際に書き込むための解答用紙を用意しています。ぜひそれを使って、実作してみてください

①コンセプト（伝えたいこと）＿＿＿＿＿＿＿＿＿＿＿＿＿＿

②メインターゲット　　　　＿＿＿＿＿＿＿＿＿＿＿＿＿＿

③出稿時期　　　　　　　　＿＿＿＿＿＿＿＿＿＿＿＿＿＿

④キャッチフレーズ　　　　＿＿＿＿＿＿＿＿＿＿＿＿＿＿

さあ、どう考えますか？

日経の広告制作で学ぶ プロモーションのい・ろ・は

　広告作りってなかなか難しいでしょう。でも、この作法はやはり、会議や営業、製品作り、事業展開などに生かせます。

　初めに日経の競合他社（新聞）とは異なる特徴をありったけ並べてください。長所でも短所でもかまいません。

長所＿＿＿＿＿＿＿＿＿＿＿＿＿＿＿＿＿＿＿＿＿＿＿＿＿

＿＿＿＿＿＿＿＿＿＿＿＿＿＿＿＿＿＿＿＿＿＿＿＿＿＿＿

短所＿＿＿＿＿＿＿＿＿＿＿＿＿＿＿＿＿＿＿＿＿＿＿＿＿

＿＿＿＿＿＿＿＿＿＿＿＿＿＿＿＿＿＿＿＿＿＿＿＿＿＿＿

ビジネスパーソンであれば、日経の特徴はお分かりだと思います。並べると以下のようになるでしょう。

長所

経済記事に強い

企業情報が濃い

金融情報が濃い

政治記事はまあまあ

客観報道が多い

短所

写真・イラストが少ない

娯楽情報・社会面・家庭欄・地域情報が薄い

主観記事が少ない

　この長所と短所を合わせて、短い言葉で表してみてください。それは、こんな言葉になるのではありませんか？

「大人のためのビジネス情報満載」

　娯楽情報やイラストなどは少ないけど、ビジネスに役立つ情報は満載。情緒的な表現はないけど、客観報道が得意。大人のあなたは、各自それを咀嚼してください——そんな記事構成

が、この新聞の特徴だと、表せるでしょう。

　これをウリに広告を作れば、読売や朝日、毎日とは確実に差別化できるはずです。それで逃す読者はいるかもしれません。例えば、文学好きな少女や、スポーツ好きな商店主などは、この新聞を買わないでしょうが、それは新聞の特性上、仕方ありません。

　続いて、ターゲットと拡販時期を決めましょう。

　新聞の場合、「紙替え」が起きる要因で一番大きいのは、「転居」をはじめとした生活の変化です。生活が変わる時期は、人事異動が多い4月もしくは10月。販売環境の特性を考えるとプロモーションする時期は決まりました。今回は4月に広告を打つことにします。

　最後に、メインターゲットを誰にするか。4月に環境変化が起こるのは、前述の通り「異動」が主因ですが、どの会社でどの仕事をしている人が対象になるか事前にはなかなか分かりませんし、何より、異動者に共通の軸などは見出せません。よりはっきりとした共通性がある集団で、しかも、4月にそろって大きな環境変化が起きるのは、どんな対象でしょうか。

　もう答えは見えてきましたね。

　そう。大学新卒者＝新入社員です。毎年4月に新卒入社する人は40万人にも上る。彼らの1割が日経を取ってくれたら4万部。これは電子版を含む日経新聞購読者の1.5%にも上ります。

　これでコンセプトワークはおしまい。整理しておきましょう。

<コンセプト>大人のためのビジネス情報満載紙

<ターゲット>新卒就職者

<時期>4月（もしくは3月）

　さあ、あなたはどんなキャッチフレーズを考えますか？　コンセプトとターゲットと時期を合わせて、最適な言葉を出してみましょう！　これが広告作りの流れです。

　こうした流れを踏まえて実際に1982年に出来上がった名コピーが「諸君。学校出たら、勉強しよう。」でした。

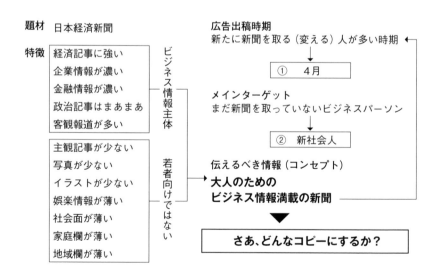

題材	日本経済新聞

特徴	経済記事に強い
	企業情報が濃い
	金融情報が濃い
	政治記事はまあまあ
	客観報道が多い

ビジネス情報主体

	主観記事が少ない
	写真が少ない
	イラストが少ない
	娯楽情報が薄い
	社会面が薄い
	家庭欄が薄い
	地域欄が薄い

若者向けではない

広告出稿時期
新たに新聞を取る（変える）人が多い時期

① 4月

メインターゲット
まだ新聞を取っていないビジネスパーソン

② 新社会人

伝えるべき情報（コンセプト）
大人のための
ビジネス情報満載の新聞

▼

さあ、どんなコピーにするか？

特色から「粗ベクトル」を見出し、 新要素を加える

　広告作りを参考にしましたが、今ある事業や商品などで「ポジション」を作る手順はお分かりいただけましたか？

　まずは、**競合と比較したときの特色を羅列する**こと。長所でも短所でもかまわないから、それをありったけ並べてみてください。そして概観する。そうするとそこに、違いの軸が見えてくるでしょう。それが、「**粗ベクトル**」となります。

　ただ、このままだと、たいていの場合は弱い。概して世の中の製品や事業は、日経のように徹底的に突き詰めた方向性を持っていないから、その粗ベクトルとは矛盾するような特徴もあったりするのです。

　今度はそうした矛盾を修正する。**粗ベクトルに違う要素を取り除いていく**。そして、**粗ベクトルに合う新たな要素を加えていく**。この作業で磨きがかかったものが、良きポジションとなるわけです。

　ベクトルに沿って合わない要素を取り除く、合う要素を補強する。この作業を、組織論的には「**アラインメント（alignment＝一線化）**」と呼びます。先に学んだパッケージングもこれに近い考え方ですね。

　セクション1の日本のコンビニチェーンの話を見直してみて

ください。

「いつでも便利で、楽しい」。滞在時間拡大戦略から、こうし
たポジションを作り上げました。これに沿って、商品だけでな
く、店内設計まで変更して、次々にベクトルに合う要素を付加
し続けていますね。例えば、十数年前までコンビニではトイレ
を貸してくれないのが普通でしたが、変更しています。店内放
送に有名芸能人が登場しだしたのもここ10年でしょう。すべ
て「楽しく長居する」ベクトルに合わせて、サービス改廃を続

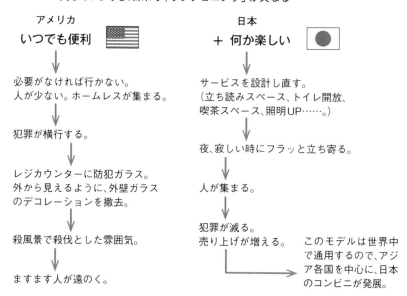

同じCVSでも、日米で「ポジショニング」が異なる

アメリカ
いつでも便利

日本
＋　何か楽しい

必要がなければ行かない。
人が少ない。ホームレスが集まる。

サービスを設計し直す。
（立ち読みスペース、トイレ開放、
喫茶スペース、照明UP……。）

犯罪が横行する。

夜、寂しい時にフラッと立ち寄る。

レジカウンターに防犯ガラス。
外から見えるように、外壁ガラス
のデコレーションを撤去。

人が集まる。

殺風景で殺伐とした雰囲気。

犯罪が減る。
売り上げが増える。

このモデルは世界中
で通用するので、アジ
ア各国を中心に、日本
のコンビニが発展。

ますます人が遠のく。

全く同じ事業でもポジショニング次第で、発展の仕方が異なる。

けた結果、ポジションがより明確で強くなった。見事なパッケージングです。

多くの日本企業、とりわけメーカーは、コンセプトワークも弱い上に、パッケージングがさらに弱い。顧客アンケートで要望が大きい項目を加えてしまったり、競合他社が成功した機能を加えてしまったりする。そうしたことによって、総花的でベクトルがうやむやになってしまうのです。

対して、何度も引き合いに出しますが、ツイッターの潔いこと。「今、この気持ちを、世界に」というベクトルを愚直に守り、短い文字数、匿名厳守を絶対に変えていません。

クリエイターとビジネスパーソンの良き関係とは

ここで閑話休題。ビジネス上で、クリエイターと接する時のマナーについて少し書かせてもらいます。

クリエイターは本当に私たちの想像を絶するような力を持っています。だからこそ、高いフィーを支払うに値するのでしょう。にもかかわらず、クライアント側にいる人間は、つい自己の趣味で、「こういうテイストは好きじゃない」とボツを出してしまったりします。これはクリエイター側からすると、相当、癇に障る行為です。それこそ、「好き嫌いでモノを言うな！」

93

と言いたくなるでしょう。

　では、クリエーターにはモノ申せず、言われたことすべて聞き入れなければいけないのか？　それも違います。物事の筋道に沿って意見を述べることが大切です。

　クライアント側は、感性の入り込む余地のない部分、つまり、コンセプトワークの部分の問題点、およびコンセプトとコピーやデザインの齟齬について、論理的にクリエイターに改善点を伝えることが重要でしょう。

　例えば、自社の特色を集めるときに、関係ない要素が入っていたとか。粗ベクトルに沿って追加する新サービスがベクトルに合っていないとか。出来上がったコピーとコンセプトのつながりがどうしても分からないとか。コンセプトワークに沿って、論理的に確認する作業、そしてそれを説明する責任はクリエイターにあります。

　そうして、そこに間違いがないなら、あとは、クリエイターに権限委譲する、というのが良い関係作りの基本です。

言葉一つで180度異なるイメージを創れるクリエイターの力

　以下は、鈴木康之さんという尊敬するコピーライターに聞いて、「やっぱりすごいなあ」と思った話です。

　それは、サッポロ生ビール黒ラベルのコピー作りの話でした。

　黒ラベルは古くからあるビールなのに、コクと切れが両立したうまい逸品ですね。だからオールドファンが多い。ところが、ほんの一時期、サッポロは黒ラベルを製造中止してしまったことがあるのです。それは、アサヒビールがアサヒスーパードライを発売して世を席巻して数年経った頃のことでした。

　それまで、ビールとは酒屋さんが持ってくるものだったのです。瓶は重いし保冷が必要だから、消費者自らが店で買うことはあまりありませんでした。だから、多種類のビールを比較して買う機会も少なく、なじみの銘柄を注文するか、酒屋さんに委ねて持ってくるのを買うかというのが主だったのです。

　それが、コンビニと缶ビール、そしてアサヒスーパードライの登場で、購入シーンが一変します。

　棚に並んだ中から各自が選んで買う。缶なら劣化が少ないから持ち運びできる。アルミ包装は完全遮光だから、黒や茶の外装は不要。そして、切れ味抜群で銀色のドライ缶が大人気となる。こうなると世はそろってドライ味に流れ、キリンは一番搾りなどを発売して続く。コンビニの棚で見やすいようにそれらはみな、銀や白など明るい系統のラベルになっていく。こんな背景があって、サッポロは地味で目立たない黒ラベルを製造中止してしまったのです。

　結果、どうなったか？

　ただでさえ落ち込んでいた売り上げが、黒ラベルファンを

失ったことで、さらに下がった！

　こうして危機的な状況に陥りました。

　そして、あろうことか、サッポロは黒ラベルを再販すること
にするのです。流行に流され横並びになり失敗する、というよ
くある話ですよね。その時、出された広告コンセプトは、「ご
めんなさい！　私たちが間違っていました。やっぱり黒ラベル
に戻します」だったそうです。

　さあ、みなさんどうします？　言いたいことはよく分かるけ
ど、このままじゃ、会社の信用はガタ落ちでしょう。

　製造中止→再販という曲折の末出てきた、むちゃぶりのコン
セプト。それを踏まえて出来上がった名コピーが

「アンコール発売」

でした。

　これも、コロンブスの卵じゃないですが、言われりゃ気づく
けど、決して出ないフレーズですね。こんな「無理筋」のコン
セプトを、うならせるような表現に変えるのがプロのコピーラ
イターなんです。

 表現力や発想力は、逆流訓練で磨け！

　私は件の鈴木さんに、「どうやったらこんな風にクリエイ

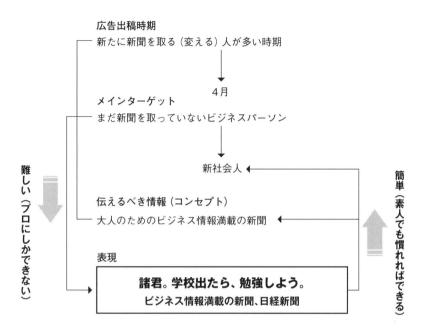

ティブを磨けるのか」と質問したことがあります。その時に、妙策を教えてもらいました。

　素人がそうそううまい表現はできないから、まずは、コンセプトづくり（コンセプトワーク）の作業をしっかりやること。

　そして2つ目。良いコピーを見たら、コンセプトを読み解く癖をつけること。**コンセプトからコピーへと表現するのはプロにしかできない技だが、コピーが名作である限り、コンセプトを読み解く逆流作業は誰にでもできる**。これをやり続ければ、次第にクリエイティブ脳が鍛えられる、と。例えば前述の日経

新聞のコピーからは、上記のような逆流作業ができるでしょう。

　この鍛錬法、何かと役に立つので、ぜひ、実践してほしいところです。

まずはネタ（競合他社との違い）を百出させる！
そこから自社の特徴（粗ベクトル）をつかむ！
そしてその方向に足並みをそろえる！

Section 3

無印良品がブランドとなり、無敵の存在に上り詰めた理由

今回はブランドとコンセプトについて考える。「ノーブランドだけど質の良いもの」というコンセプトで様々なジャンルの商品をまとめたのが「無印良品」というブランド。そこにはあの経営者の並々ならぬ想いが結実したコンセプトがあった。

（写真：123RF）

復習も兼ねて、コンセプトとビジネスの具体事例をもう一つ、挙げておきますね。

会社の特色から粗ベクトルを見つけ出し、その粗ベクトルに沿って商品やサービス、環境などを再構成する。この作業を組

織論的には「アラインメント（alignment、一線化）」、マーケティング用語では「パッケージング」と呼びました。

　ビジネスとは、商品やサービスを提供しているのではなく、コンセプトを「商品やサービスという車に載せて」届けているのだ、と概念変更をすると、パッケージングの意味もよく理解できますね。平たく言えば、**「コンセプトを載せる」車を多彩に用意して、多重配送する**ことで、より明確に受け手に伝わるようにしているわけです。

　さてさて、ここで、ブランド論とコンセプト論を交錯させてみたいと思います。

ブランド分類論とかあまり考えず、「載せている物」と「乗り物」でとらえよう！

　ブランドも、ブランドメッセージやブランドコミットメントを顧客に届けるという考え方だから、コンセプト論と近しい考え方でしょう。ただ、こちらを物の本にしたがって考えていると頭がこんがらがってしまうところがあります。

　例えば、ブランドを種別分けするときに、以下のような用語を用います。

　まず、「カレーハウスCoCo壱番屋」はカレーという商品でブランドを築いています。多種多様なメニューがそろっています

が、それらはすべて「カレー」です。つまり、カレーという製品の中で、アラインメントを作るので、これは「製品ブランド」と呼ばれます。

　一方、衛生用品にはクレハの「キチントさん」というブランドがありますね。こちらは、食器用洗剤、除菌スプレー、三角コーナーパックなど様々な製品群で構成されていますが、いずれも衛生機能という共通点があります。こういうものを、「機能ブランド」と呼びます。

　パナソニックは、掃除機も、電子レンジも、髭剃りも、電球も作っています。製品群も機能も様々ですが、家庭生活という「使われる場面」が共通している。なので、「シーン・ブランド」などと呼ばれる。

　無印良品になると、どうでしょう。製品も多彩、機能も多彩、使用場面も多彩。ただそこに、「ノーブランドだけど質の良いもの」という共通点がある。質実剛健というブランドの網でくくられているので、「ブランド・ネクサス・ブランド」などと呼ばれています。

　私は、こうしたブランド種別の話があまり得意ではありません。細かい分類とその定義を覚えるよりも、一つ大切な点があります。上記ブランド分類は、「製品やサービス」に着目して、命名しています。でも、例えばCoCo壱を例にとっても、カレーだけでなく、それを提供する店舗のデザインや、店員さんのサービスマニュアルまで、すべてがコンセプトを載せる「乗り物」

であるはずです。そう考えると、「製品」ブランドなどとは言えないでしょう。

　ビジネスとは、コンセプトを運ぶ作業であり、それを載せる乗り物をそろえることがとても大切です。

　決して、製品やサービスのみで完結などしないでしょう。

セゾングループの総帥であり、作家でもある堤清二は何を考えていたのか？

　さて、ブランド種別では一番複雑で分かりにくい「ブランド・ネクサス・ブランド」の例で出した無印良品ですが、これは、セゾングループのトップである堤清二氏の並々ならぬ思いが年月をかけて結実したコンセプトでした。

　その想い、読み解けますか？

　さあ、またワークです。

　これは40年前に話題となった広告です。アカデミー賞の常連であった世界的に有名なウディ・アレン監督を起用してシリーズ展開されました。さて、セゾングループは、この広告で、何を訴えたかったのでしょうか？

　他の百貨店とは異なる、どんなお店を目指していたのでしょう？

糸井重里氏「おいしい生活」(写真提供：ほぼ日)

　ちょっと難しいですね。アート作品にも思えてしまいます。ウディ・アレンが色々な格好で登場し、「おいしいおいしい」とモグモグするのですが、そのシュールな絵の中には、当時、セゾングループの総帥であった堤氏の秘めた強い想いがありました。

　ちょうど、30年後の2010年代に中国からのインバウンド観光客が銀座でブランド品を買い漁るように、当時の日本でもブランドブームが巻き起こっていました。社会が豊かになる中で、どの国も一度は経験する通過儀礼のようなものなのでしょう。

　これに対して、流通業の本意はそんなものではないと異を唱え続けたのが、堤氏なのです。<u>ブランドマークが一つついてい</u>

るだけで、2桁も高い商品となり、モノの良し悪しも分からず
にそれをありがたがるのは、間違っている——と。

　そこで、この正論を世に問うために、大掛かりなプロモーショ
ンを行ったのが、このウディ・アレンのシリーズでした。

　当時、服飾品についてはブランド全盛でしたが、飽食期に
入っていた食品関連では、すでに脱ブランド化が進んでいまし
た。

　もう少し前の高度成長期なら、デパートで買った名店のお総
菜が一番ありがたかったのでしょうが、オイルショックを経た
当時はもう、裏庭で採れたばかりのタケノコや、実家に帰った
時に食べる母親の朝食が何よりもうまいと分かるくらい、社会
全体の舌が肥えていた。そう、価値観は、「高いものが良い」
というタテの物差しから、「値段ではなくて、その人がおいし
いと思ったものがうまいんだ」というヨコの物差しに移りつつ
あったのです。

　だから、自分なりにいいと思うヨコの価値観で、おいしいも
のを探しまくろうと、食べ物でもないものを何でも口に入れて、
「おいしいおいしい」とウディ・アレンがつぶやく。

　すなわち、伝えたかったのは、「タテの価値観から、ヨコの
価値観へ」という視座です。

傘下の複数の会社さえも
「乗り物」にして生まれた無印良品

　堤氏は、「セゾングループ」傘下にあるたくさんの企業を使って、このコンセプトを広めていきます。

　ウディの広告は、天才コピーライターと言われた糸井重里氏がものしました。少し後、もう一人の巨匠と言われた仲畑貴志氏（1章に同氏事務所の入社試験を掲載しましたね）を起用して、傘下のクレディセゾンは、「なーんだ、探していたのは自分だった」というコピーの広告を打っています。そう、**堤氏は、ブランド高値売りに沸く業界の流れに逆らい、グループ総体で「ヨコの価値観」を広めようとしていた**のでしょう。それは、コンセプトを伝えるためには、あらゆるものを総動員できる、という良き証にほかなりません。

　解説を読んだ後であれば、セゾングループ全体でコンセプトが通底するのはすぐに分かるでしょう。

　同様に、傘下のスーパーマーケットだった西友は、「しゃけは全身しゃけなんだ。」という広告を打ちます。

　無印良品は、この広大なるコンセプトワークの中で生まれたのです。出自は西友の総菜売り場。そこに、安くて見栄えは悪くとも良いものを置いた。そのコーナー名だったのです。

　件の広告は、シャケのフレーク瓶詰です。ツナやカツオはす

でにフレークの缶詰が出ていましたが、それらはいずれも、そのまま食べるよりも、マヨネーズであえたり、サラダにしたりと調理するための「食材」でした。対してシャケは、そのまま塩焼きで食べるもの。だからきれいな切り身が当たり前で、フレークにはしなかったのです。

　ただ、切り身にならない括約筋などの「贅肉」が廃棄されていた。そのまま販売したら見た目が悪いけど、フレークにすれば分からない。それで塩味をつけ、ご飯にすぐかけられる形で瓶詰にしたのです。今では当たり前に売っている、このご飯のお供のシャケのフレークも、「捨てられていた部分」に目を付けた西友が世に出しました。

　ブランドではなくとも、良いものは良い。価値観はタテからヨコに。この堤清二氏の想いが結実したのが、無印良品なのです。

　セゾングループは、その後、M&Aや統廃合があり、四分五裂してしまいますが、コンセプトをぶれることなく体現し続けた無印良品は、「良品計画」とし

田中一光氏 「しゃけは全身しゃけなんだ」
© Ikko Tanaka / licensed by DNPartcom

て独立し、世界に羽ばたいています。ユニクロやニトリなど、部分的には競合する「製品ブランド」はありますが、コンセプトが群をなしてパッケージングされた「ブランド・ネクサス・ブランド」の無印良品には、総体としてのライバルは出ていない状態です。

　まさに、コンセプト・ドリブンで出来たビジネスの見事な成功例だと言えるでしょう。

　それにしても、なぜここまでセゾングループは、コンセプトを体現することにこだわったのでしょうか。その理由として、私は総帥であった堤清二氏が、「辻井喬」という筆名で多々小説を発表するクリエイターであったことも大きいと思っています。

　だからこそ、糸井氏、仲畑氏、浅葉克己氏、小川一子氏、田中一光氏、日暮真三氏など当代の名クリエイターたちと意気投合し、この大プロジェクトを完遂できたのではないでしょうか。

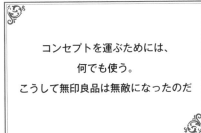

コンセプトを運ぶためには、
何でも使う。
こうして無印良品は無敵になったのだ

炎上広告も、そごう・西武だからこそ 素直に読み解けた

　少々蛇足を書かせていただきます。

　2019年初春、そごう・西武の広告が、女性蔑視ではないか、とネットで炎上しました。「わたしは、私。」(これもヨコの価値観ですね) という一連のメッセージ広告の一つで、「女の時代、なんていらない?」というコピーと、女性の顔に生クリームの入った紙皿が投げつけられた写真が載ったものです。

2021年そごう・西武元日広告「百貨店が売っていたのは、希望でした。」。コロナ禍のまっただ中で出した広告が大きな反響を呼んだ (写真提供：そごう・西武)

　ところが、私には、女性蔑視には全く思えなかったのです。

　「女性初」なんて騒がれるのは、それだけ、女性が活躍した例が少ないからでしょう。もし、女性が普通に登用される社会になれば、そんな言葉は不要になります。

　「女の時代」という言葉も同様で、女性が活躍できていないからこそ、いよいよ来たぞ！と騒がれる。こんな言葉がなくなった社会こそ、本当に女性が活躍しているのでしょう。だからこの広告を、素直に良いと思いました。

　ただ、もしこのクライアントがそごう・西武でなかったら、ここまで前向きには評価していなかっただろう、とも思っています。

2022年そごう・西武元日広告「なくてもいいと言われるものと、私の心は生きていく。」（写真提供：そごう・西武）

　ブランドという言葉の意味を、「高級品」と誤解している向きが多いようですね。この難解語も、コンセプト論から積み上げていくと、スーっと理解ができます。

　ブランドとは、顧客の期待を裏切らない品質を提供し続ける、という意味です。グッチやプラダやフェラガモなどの高級ブランドに限らず、例えば、まるか食品のペヤングだって、「まるかがまた何かやらかす」といういつもの期待を裏切らないのだから、立派なブランドと言えるでしょう。

　どのブランドも、まずは顧客の期待に沿って、コンセプトが作られ、それが商品・サービス・店舗設計・店員の接客・CM……と複合的なアプローチで顧客に届けられることになります。そうして、顧客は期待に違わぬ満足感を得る。ペヤングならマツコデラックスの過激なCMや、番組タイアップで登場する社員たちも含めて「奇天烈な焼きそばを作るなあ」とつくづく心に染み付いていくわけですね。

　これを構造的に把握してみましょう。

　顧客の期待に沿って、コンセプトを打ち出す。これは、一つの方向性（ベクトル）を示すことになります。ペヤングでいえば「奇天烈」という方向性ですね。このベクトルに、商品、CM、タイアップ番組、YouTube配信まで、すべてが足並みをそろえる。このことをアラインメント（alignment、一線化）と呼びます。

　こうして、コンセプトに沿って様々なアイテムが整列した状態を「パッケージ」と呼ぶ。このパッケージによる連合軍が、顧客のハートを打ち抜き、コンセプトが的中するわけです。

　さて、このパッケージが、「現時点」だけでなく、明日も明後日も、

その先も永遠に続いていくとすると、顧客は「ああ、この先も、彼らは期待を裏切らないよね」と思うようになる。これがブランドとなります。

　そしてブランドが確立されれば、顧客は「次は何が出るだろう」とワクワクし続け、同時に、「あの会社を選んでおけば間違いない」と、商品選びが簡単になる。iPhoneの新機種が発売されるたびに、店に並ぶ人たちなど、その典型でしょう。

　こうして、ブランドは顧客にとって「選択負荷の軽減」をもたらすことになる。

　図示すると以下のようになります。

　コンセプトが辺、それを束ねて面ができる。これがパッケージ。それが時空を超えて連なるキューブが、ブランドとなります。

　クリエイティブの人たちって、このキューブを操る名人なわけで。だから、名経営者たちは、えてして、畑違いのクリエイターにアドバイスを仰いだりするわけです。

　俺も、ほんとにかなわないと思うすごい人たちを見てきました。その度にため息が出て……。

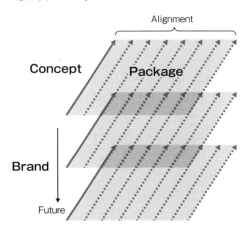

Section 4

コンセプトを失った企業、取り戻せた企業

明確なコンセプトを持ち、正しくパッケージングして、顧客に支持される。そんな成功体験を持つ企業も、魔が差すことがある。誰もが知る企業の事例から、コンセプトとビジネスについて考えてみる。

(写真：123RF)

コンセプトとビジネスの話、今回は、ここをはき違えて難局に陥ったケースとして、大手有名メーカーの事例を見ていきましょう。

例えばトヨタ自動車です。世界No.1メーカーとなった同社

は、EV全盛となりつつある現在でも、その地位を守り続けています。この企業はどんなコンセプトに基づいて、パッケージングをしているのか。それを私は「**1パーツ残さず、徹底的に改善合理化する**」だと考えています。トヨタ車という製品だけでなく、社員たちの一挙手一投足、ひいては取引先との関係まで、徹頭徹尾それを通しているのは誰もが知るところ。海外進出しても、現地スタッフにまでトヨタイズムを浸透させています。だから、このコンセプトは事業総体からひしひしと伝わってくるのです。

EV作りに関してもその姿勢は変わらないから、たぶん、曲折はあれどうまく行くでしょう。

このトヨタイズムを用いて改善コンサルティングを行うOJTソリューションズ（名古屋市中区）という別会社を立ち上げ、そこも高い評価を得ています。

強くキャラ立ちするトヨタ自動車でさえ、住宅事業では自分を見失った

では、そんなトヨタはどの事業でも連戦連勝かというと、そうでもありません。住宅作りに手を出し痛い目に会っています。

1つの事業で成功しつくすと、多くの企業は他事業に手を伸ばそうとします。その時、進出先となるのは、「要素技術が共通」

か「顧客層が共通」、もしくは「販路が共通」する事業になりがちです。トヨタの場合は、「顧客層が共通」ということで、住宅事業への進出を選んだのでしょう。

　もしこの時に、住宅作りでも「1パーツ残さず、徹底的に改善合理化」というトヨタイズムを通せたら、「やっぱりトヨタらしい家だね」と評価されたでしょう。でも慣れない住宅作りではそれが通せなかった。だから、1975年に住宅事業に進出してから長く赤字が続きました。

　技術や顧客が共通だとしても、「コンセプト」が通せない事業へ進出してはいけない。ベクトルに沿ってコンセプトの構成要素を集めるパッケージングに違反しているからですね。

　昨今のトヨタで不安なのは、富士山の麓に作ったAI都市の「ウーブン・シティ」です。最先端の技術を統合した人工都市で実際に生活することにより、AIや自動化に伴う目に見えない問題が分かり、技術が錬磨される、という目的はよく分かります。このプロジェクトの広報価値も高く、エンジニアの募集にも役立つことでしょう。ただ、次世代投資と考えても、過大なコストを投じ続けるようだと、やはり、パッケージングの失敗例になる気がしてなりません。トヨタ「らしさ」とはかけ離れているのですから。

ソニーとパナソニックはコンセプトを失い、BtoBに緊急避難した

近年元気のない家電業界はどうでしょうか。

この言い方には、少し語弊があるかもしれません。2010年代に史上最高益を記録した日本の家電メーカーが多々あるからです。ただ、その多くは、「家電」ではなく、BtoB関連の重電やパーツ、素材などが事業の柱に変わっています。こと「家電」に関して旗色は総じて良くありません。

中韓メーカーの追い上げや、GAFAによる時代刷新についていけなかったから、というのが表向きの理由ですが、私はそれだけでは説明できないと思っています。今や、家電メーカーの多くは海外生産となり、現地の安い人件費で組み立てをしているので、日本メーカーばかりが製造原価高で負けたなどというのは理由として成り立たないでしょう。

それよりも、やはり私は、コンセプトを見失ってしまったことが大きいのではないか、と考えています。

かつて、ソニーとパナソニックは、全く異なる事業コンセプトを持っていました。

ソニーは、**粗削りだけれど見たことのないような製品を、迷わず創る。**

パナソニックは逆で、**安心・安全な製品を、大量・スピーディ**

に広範囲へ届ける。どちらも創業者の考え方がその根底にはあるでしょう。ソニー創業者の盛田昭夫氏や井深大氏は「チャレンジ」「10年後」「小回りの利く経営」を標榜し、パナソニックの松下幸之助氏は「水道哲学（どこで蛇口をひねっても安定的に水が供給されるがごとく商品を世の中にあまねく供給する）」を謳いました。

これはコンビニチェーンの話でも書きましたが、もし全く同じコンセプトだったら、狭い業界に2つの会社は必要ないはずです。ソニーとパナソニックは、それぞれがユニークな存在だったから、相並び立ったのでしょう。

端的に言えば、アイデアと先見性に富んだソニーは、時代を先取りするような斬新な製品を次々に発売する。テープレコーダーもトランジスタラジオも日本で初めて市販し、後にはウォークマンのようなスピーカーも録音機能もない欠陥すれすれの製品を、大ばくちで商品化していきます。

一方で、大量生産技術と広範な販売網を持つパナソニックは、ソニーが失敗した製品には手を出さず、うまくいったときは、即座にそれをまねて安価大量に後発品を出す。こんな棲み分けがうまく成り立っていたわけです。

ところが、ソニーが大きくなり、人気No.1メーカーの座に君臨するようになると、エクセレントな優等生集団へと変わってしまいました。そうして、高いクオリティを求めるあまり、チャレンジ精神を失ってしまった。そんなソニーを見て、創業

者の井深氏は晩年に「小さい会社を作ってまた色々チャレンジしたいね」と話していたそうです。もはやソニーは、創業当初の事業コンセプトからはかけ離れた存在になっていました。

かつてのパナソニックのお株を奪った中韓企業

　パナソニックの転換点は、1980～90年代にハイテクの世界で次々に起きた、日米摩擦ではないでしょうか。これがアイデンティティ喪失につながったのです。

　当時、東芝、富士通などのコンピューター関連企業の米国製品コピー疑惑が大きな問題になっていました。それまで、日本のメーカーは、先端製品を分解してそのノウハウを学ぶリバースエンジニアリングを多用していました。もちろん、ソニーの後追いをするパナソニックもそのノウハウは高かったでしょう。

　ところが、こうした「モノマネ」は良くない、ご法度だという風潮が根付いてきた。その頃から、パナソニックは未来だの創造だのという言葉を多用し始めます。これでは「水道哲学」から離れていくばかりでしょう。

　当初のコンセプトから離れていったソニーとパナソニックの間隙を縫って、両社のお株を奪ったのが、中韓メーカーです。

どちらもリバースエンジニアリングに何の恥じらいもなく取り組みます。そして、ソニーのハワード・ストリンガー社長（当時）が捨てた有機ELを、危なっかしいながらもいち早く製品化し、市場に出したりしました。その後も、たためるスマホなど日本のガラケーが得意としたギミックを、粗削りながらいち早く世に出したりもしています。

　ソニーもパナソニックも、当初のコンセプトからぶれずに経営を続けていれば、GAFAには敵わずとも中韓に抜かれることはなかったでしょう。

　ただ、それも無理な相談です。

　コンセプトは商品やサービスだけでなく、社内環境やマネジメントといった隅々までパッケージングされて初めて生きる。

　ソニーもパナソニックも、優等生が集まる優良企業になり、「危なっかしい製品を創る」ことも、「後追いモノマネを良しとする」こともできなくなっていたはずですから。

コンセプトは
細部に宿る

コンセプトを見失い
２期連続最終赤字の苦境に陥ったJINS

　ビジネスの話の最後に、一度、コンセプトを見失って失速したけれど、それを再度思い出して、V字回復した企業の話を書いておきます。

　それはメガネのJINS社。

　JINSはおしゃれでリーズナブルなメガネチェーンとして人気ですね。売上本数では業界No.1だそうです。

　元々、メガネ業界は、消費者無視で利益重視型のビジネスを展開していました。原価率は著しく低く、納品までのリードタイムが長く、焦点位置や度数もしくはレンズの大きさなどにより様々な追加料金がかかる。そんな売り手都合の商慣習を、徹底的に排除したのがJINSです。

　「5800円、7800円、9800円の完全3プライス制」、「発注から納品まで1時間」、「追加料金なし」を売りに、ことごとく業界の悪弊にアンチテーゼを突き付けた結果、大人気となります。業績は絶好調で東証二部上場、業界2位まで届くのですが、ここで伸び悩み始める。それはそうですね。メガネなんて2本も3本も買いません。とすると、全国に一通り出店が進めば、あとは耐久年数が過ぎるまで買い替えが発生しないから、ゼロサム化が始まる。それでも無理して出店を続ければ、今度はテリ

トリー侵害で社内バッティングが起き、利益率は下がっていく。結果、2009年は増収ながら減益となり、売上利益率は2%を切るまでに下がりました。

　要は、**安い製品を届ける、というだけの事業体としては、限界に達した**わけです。

彼らがやってきたのは、安売りではなく「新たな常識づくり」

　そこで、自社の存在価値が何だったのか、ブランドの見つめ直しを徹底的に行いました。

　自分たちが顧客に支持された理由は、値段もさることながら、消費者無視の業界慣行を打破したことにあったのではないか。つまり、**当たり前と思って見落としているような常識を変えた**ことこそが支持の源泉だ——筋の良い粗ベクトルが見つかりました。そこで、次の事業コンセプトは「『あたらしい、あたりまえ』を創る」とした。

　ここから再成長が始まるのです。

　まず、「メガネは医療器具」という常識を変える提案をした。ファッションやTPOに応じてメガネをかけ替える。おしゃれメガネはもちろん、スポーツ、野外、仕事など、様々なシチュエーションでメガネをかけ替えるという提案をしていきます。

これで耐久年数の壁を越えて、売り上げ増を果たしました。

　続いては、「メガネは視力の悪い人がかける」という常識への挑戦です。

　例えば、花粉の時期は「花粉対策メガネ」、冬場の乾燥期には「ドライアイ対策メガネ」、スマホが浸透しだした頃には図ったかのように「ブルーライト対策メガネ」を発表しています。

　これらは、ブランドの原点に立ち返って見つけた粗ベクトル

コアコンピタンスの修正と成長再始動

消費者無視のメガネ業界

●著しく低い原価率
●納品までの長い待ち時間
●不透明な追加料金

事業コンセプトの修正
ディスカウンター

常識破壊

①安い！
5800円・7800円・9800円の
3プライス
②早い！
納品まで発注から1時間
③透明！
追加料金は一切不要

「『あたらしい、あたりまえ』を創る」を
新たな事業コンセプトに

業績回復

「目の良い人にもメガネを」

 ブルーライト
対策
（PCメガネ）

 ドライアイ
対策

 花粉対策

常識変更2

「メガネをファッションに」
医療器具からアパレルへ

季節・TPOでメガネを変える！
複数本持つ→売り上げ増

常識変更1

から、いくつかの商品軸（例えば「ファッション」軸、「目の良い人」軸）を出し、その軸に沿って新製品をラインナップするという、まさにパッケージングの模範例となるでしょう。

　こうしてJINSは、その地位を不動のものとしたのです。

作法違反の「ラッキーヒット」は どうすべき？

Section 5

あまり期待していなかった事業が、ひょうたんから駒で大当たりした。でもその事業は、会社が拠って立つ「コンセプト」とは関係が薄い。コンセプトと実際のビジネスの狭間に立った時、経営はどう意思決定すればよいか。

(写真：123RF)

　ここまで、ビジネスとコンセプトの話を続けてまいりました。

　今回は、ちょっとハシゴを外すような、考えさせられる話を書いておきます。

「ひょうたんから駒で生まれた大成功」を どう考えればいいのか？

　シャンプードレッサー（洗髪洗面化粧台）という製品をご存知ですか？

　大きなシンクとシャワーがついた、服を着たまま洗髪ができる洗面台です。

　発売からすでに40年を経たこの製品、実はもともと洗髪用に開発されたわけではありません。狭いマンションなどで、洗面台と食器洗い用シンクを兼用できるように、という意図で開発されました。

　こんな感じで、製品もビジネスも、当初の意図とはかけ離れた方向で、大成功を収めることがままあります。セレンディピティ（偶然の産物）とでもいうのでしょうか。だから、事前に周到に考えつくしたとしても、世に出た後は、どうなるか分かったものではありません。

　市場の声を聞きながら、売れる方向へと舵を切り直す。ビジネスとはそんなものだという意見があります。

　私はむしろそういう考え方が好きです。ガチガチに作り込んで身動きが取れなくなってしまうようなスタティックな仕事の仕方よりも、柔軟に形を変えて市場と対話していくダイナミックな仕事を好みます。

あれれ？　ここまでずっと、「コンセプト」をどう届けるか、色々な乗り物を用意し、多重配送でそれをユーザーに届けるのだ！と意図的であるべきことを強調してきたのと、整合がとれませんね……。

まあ、ゆっくり、ビジネスの奥深さにお付き合いください。

マーケティングは古地図みたいなもの!?

マーケティングの神様と呼ばれる石井淳蔵先生（流通科学大学元学長、神戸大学名誉教授）から、こんな話を聞いたことがあります。

その昔、フランスの軍隊のある小隊が、真冬のピレネー山脈で道に迷ってしまったそうです。日本でも同じような話が青森の八甲田山でありましたね（こちらの隊はほぼ全滅してしまいました）。フランスのその小隊も状況は同じです。寒さと飢えで、このままビバーグ（緊急避難）していても、じきにみなこと切れてしまうような状態でした。

そんな中、従軍記者が取材資料の中から、現地一帯の古地図を見つけ出したのです。

それを見て、隊員たちの意見は割れました。「この地図にしたがい、歩き出そう」という人と、「このままここで救助を待

とう」という人に。

　隊長はこう決断したそうです。

　「ここにいれば、あと4、5日はもつだろう。ただその間に救助隊が我らを見つけてくれる可能性は低い。ここを出れば2、3日のうちに凍死してしまうかもしれない。でも、その間に人里にたどり着ける確率は、ここで救助隊に救出されるよりも高い」

　そうして、地図にしたがい、人里を目指しました。

　ところが、しばらく進むと、地図には書かれていない川に出くわします。

　古地図なので、川の流れが変わっているのかもしれません。みな少し不安を覚えましたが、いやいや、川の流れに沿って下れば必ず低地に続くはずだと、隊長は前向きにとらえました。

　またしばらく歩き続けると、川は滝となり、その手前には人跡未踏の原生林が広がっています。これではもう川に沿って下れない！と思ったとき、隊員の一人がこう言い出しました。

　「かすかに小鳥の鳴き声が聞こえる。人里の方角はそっちです」

　そこで、覚悟を決め、原生林に足を踏み入れることにしました。

　こんな曲折があり、一隊は凍死寸前のところで人里にたどり着いたそうです。

　めでたく本隊に戻れた後に、件の記者が古地図を改めて調べ

てみました。

　すると、それは、ピレネー山脈ではなく、アルプスの地図だった！

　この話を語ったあとに、石井先生はこう結びました。

　「マーケティングなんて、この古地図と一緒なんです。地図がなければ人は勇気をもって踏み出すことはできません。だからしっかり地図を用意すること。でも、歩き始めたら、地図通りに行くことはない。その時々の風景や、自然の音色など、世にあふれる情報を頼りに、新たに道を切り開いていかなければなりません」

　読んでお分かりいただけるように、石井先生は、計画や構想を絶対視せず、市場の声により柔軟にそれを変えていく「ダイナミズム」派のマーケティング論者です。実は、シャンプードレッサーの話も石井先生に伺いました。世には当初の意図と異なる形で結実した成功事例が、山ほどある。その時々の市場の声にしたがった方がいい。

ミクロでは齟齬は付き物。マクロで正しいならそれを許す

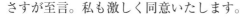

　さすが至言。私も激しく同意いたします。

　でも、その話と、今までのコンセプト論はどう整合がとれる

のか。ここですね。

思いもよらない成功の芽が、目の前に現れたらどうするか？

　その芽を出たとこ勝負で片っ端から次々とビジネスにしていたら、戦線は伸び切って、経営資源（人材や設備、技術力、コネクション、資金等）を最適に配分できなくなっていきます。その昔、某大手家電メーカーが自転車まで作っていたことなど、悪しき事例でしょう。こんな経営をしていると、必ず、伸び切った戦線を縮小せねばならない時が来るはずです。「選択と集中」などと銘打って。

　でも、TOTOはシャンプードレッサーという「思わぬ成功」を続けています。この違いはどこにあるのか。

　確かにシャンプードレッサーは、**当初の製品構想とは全く異なる成功事例ではありました。が、同社の目指すものや資源配分計画とは、全く齟齬がなかった**のでしょう。だからそれを拡大再生産していった。そしてシャンプードレッサーは、TOTOのコンセプトを届ける優秀な乗り物となった。

　つまり、ミクロなレベルでは齟齬を許すダイナミックな経営をするのがよい。ただ、総体をとらえた時に、社の基幹コンセプトに反しているようなら、それは許されない、ということでしょう。

　先ほどのピレネー山脈の話に戻ります。

　彼らは里に出るために、最初は「古地図」にしたがいましたが、途中からはそれを頼りにしなくなります。ただ、彼らの当

初の目的は何だったでしょう？　それは、「人里に出る」こと。その目的に反した行動は一切していません。

むしろ「人里に出る」という目的に対して、よりよい達成手段として、古地図→川→小鳥の鳴き声と乗り換えを行ったと見て取れるでしょう。そうして大目的を果たしたわけです。

コンセプト・ドリブン企業は相反する
ラッキーヒットを捨てよう

再度、考えることにします。

当初の予定とは全く異なる方向で、大成功の芽が見えてきた。そして、その先にある大成功は、会社の「コンセプト」とはあまり関係ない。もしこんな状態だったら、経営はどう意思決定すればよいか。

答えは少し難しいです。

もし、この会社がコンセプトなどなくても、技術や商流などの「資産」を生かして、機能や価格のみで優位性を保てる商品を提供していけるような領域にあるのなら、そのラッキーヒットをつかむのもよいでしょう。BtoBの企業や、BtoC領域でも機能性製品を主領域としている企業は、こうした形で、成功しているケースが多々あります。その事例については、本書の最終フェーズで書くことにいたします。

そうではなくて、複雑な機能の商品であったり、もしくはイメージが勝負ポイントであるような企業は、コンセプトに反したラッキーヒットは「捨てる」のが良いと私は考えます（捨てるのがモッタイナイなら、パテントにして使用料を取ったり、事業譲渡という形で売却したり、別法人として独立させたりと、オフバランスするのが良いでしょう）。

　それをやらないでいると、パッケージングが綻び、コンセプトを見失ってしまうからです。

ガースナーはコストカッターではなく、コンセプトのもとに事業再編を行った

　長く事業を続けていると、こうした「誘惑の罠」に多々出くわすものです。その際、経営環境が苦しかったりすると、眼前の小金に飛びつき、思わぬ方向に戦線を伸ばしてしまうのも、さもありなんでしょう。

　そんな曲折を経ながら長い年月が経つと、会社の本業が分からなくなってしまったりします。

　そうした時、えてして、伸び切った戦線を整理するために「選択と集中」を行う羽目になります。俗に「ターンアラウンド」などと呼ばれますが、その際にやりがちなのが、「利益率」に即して儲かるものだけを残すという手法。そうすれば、戦線は

コンパクトになり、利益率は急上昇するでしょう。がしかし、会社のコンセプトが見えなくなり、「烏合の衆」にもなりがちです。

　だから、**利益率だけに絞らず、本来のコンセプトに沿っているかどうかというパッケージング軸も、同時に考えることが重要**でしょう。

　その際、コンセプト自体がもう世に通用しなくなっているのであれば、その作り直しも行うこと。長らくうまく行っていた会社は、コンセプトに沿って、人材や制度や社内環境などがパッケージングされているから、いきなり全部をガラリと変えることはできません。ただ、ある程度の遊びはあるから、その中で、無理のないよう、うまくコンセプトを再設計する。

　そうして新たに見えた粗ベクトルに対して、新事業などを加えて補強をしていくべきでしょう。『コア・コンピタンス経営』（日本経済新聞出版）の著者、ゲイリー・ハメルはコアコンピタンスを、「反発しない方向へ徐々に変えられる（substitutability）、他への転用もできる（transferability）」と定義しています。

　1990年代に低迷していたIBMの業績をV字回復させた、当時の同社社長ルイス・ガースナー（「選択と集中」は彼の造語）は、まさにこれを体現していました。彼のことを単なる「コストカッター」と見なすのは間違いでしょう。

　IBMは大型汎用機がそもそもの出自です。大型汎用機は、業務分析をして自動化対象領域を洗い出し、ERP（統合基幹業

務システム）などの経営管理ソフトとともに納品する、という
ビジネスです。そのためには顧客企業に大がかりなコンサルを
行い、ビジネスの流れ全体を構築することが必要であり、同社
はまさにそれを本業としていました。

　そんな会社が、ガースナーの就任当時は世の流れに乗って、
PCにまで手を出し、売り上げ的には大きな事業となっていま
した。コンサルも何も不要でパッケージソフトを入れ替えて使
うというPCは、IBMの出自とは全く関係ない事業です。その
ためもあって、売り上げは大きくとも利益は上がらないお荷物
となっていました。

　普通なら、時代的に、PC事業の今後は明るいから、どうに
かこれを「儲け体質」にしようと考えるところですが、ガース
ナーは潔く斬り捨てた。その本意を知らない外野からは、「未
来があるのに直近の利益のために事業を斬った」と、コストカッ
ター視されたのでしょう。

　一方で、彼はIBM本来の姿であるコンサル力を強化し、プライ
スウォーターハウスクーパース社などを傘下に入れて「パッ
ケージング」した。V字回復はこうしたプロセスを経て成し遂
げられたのです。

　あくまでもコンセプトを大切にし、それに沿ったラインナッ
プを作る。小金が稼げる派生事業もコンセプトに反するなら斬
る。こんなスタイルのビジネスを、私は、コアコンピタンスに
倣って「コアコンセプト経営」と呼んでいます。

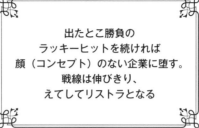

出たとこ勝負の
ラッキーヒットを続ければ
顔（コンセプト）のない企業に堕す。
戦線は伸びきり、
えてしてリストラとなる

3章

ターゲットを絞ると
戦略が見える

絞り込み（セグメント）は、マーケティングにおける実に面白いスパイスです。大きな池を狙っても空振り、小さな池こそ大漁。素人目には「？？」と思うところに正解がある。ターゲティングにより、こうした妙手が生まれます。

絞れよ、さらば、道は開ける

商品やサービスはできるだけ多く売りたい。だからたくさんの人に網をかけ、たくさんの売り文句を詰め込もうと考えがちだ。その結果「誰に何を言っているのか」、もしくは「何が良いところなのか」が分からなくなってしまう。訴求の切れ味を良くするためには、ターゲットやメリットを「絞り込む」ことが重要になる。

(写真：123RF)

ポジショニング戦略からアラインメント＝パッケージングについて論を広げてきました。

マーケティングでは、もう一つ大切な基礎用語に「セグメント」というものがあります。直訳すれば「絞り込む」という意味ですね。

長所も「たくさん」ありすぎると、かえって話はうまく進まない

この語は、主に「ターゲット（訴求相手）」を絞り込む意で用いられますが、他にも、商品特性の絞り込みなどにも使われます。

商品やサービスを開発する場合、どうしてもそれが大量に売れることを目指して、なるべくたくさんの人に網をかけようとしがちです。同じように、商品やサービスをアピールするとき、売り文句は多ければ多いほど良いだろうと、メリットを多々並べようともしがちです。

ただ、こうした「量の指向」はいずれの場合でも、「誰に何を言っているのか」、もしくは「何が良いところなのか」を分からなくさせてしまうのです。

そこで、より訴求の切れ味を良くするために、ターゲットやメリットを絞り込む、という行為が重要になってきます。

実は、このターゲットとメリットの絞り込みは、かなりの部分でつながっていて、どちらかを絞ることにより、もう一方も

絞られるという相互関係があったりもします。このあたりが、マーケティングのダイナミズムとして面白いところであり、そして、開発者やクリエーターの腕の見せ所でもあるのです。

　論より証拠、まずはこんなワークで考えてもらいましょう。

Question7

　今あなたは、失恋して悩んでいる友人女性に、「誰でもいいから私に男性を紹介して」と頼まれています。その女性のプロフィールは以下の通りです。

・顔はけっこう可愛い
・性格は優しくて慎み深い。人の言うことをよく聞く。頭の回転が速い。つまり、付き合っていて、嫌な気はしないタイプ
・料理がとにかく得意。和洋中だけでなく、お酒のつまみ、お弁当、お菓子なども上手
・身長は159センチ。高からず、低からず
・こだわりはあまりない方だが、映画・音楽・スポーツなどについて人並み以上に知っている。知識豊富
・人見知りでインドア派。騒ぐのは苦手

　さてあなたは彼女を、どんな男性に何と言って紹介するでしょうか？

※巻末のワークブックに、実際に書き込むための解答用紙を用意しています。ぜひそれを使って、実作してみてください

ターゲット男性
_____

伝えるべき情報（コンセプト）
_____

紹介文句（キャッチフレーズ）
_____

_____

最初に制約条件で絞る。あとはスイスイうまく行く

どうでしょう。性格が良くて、頭の回転が速い。その上、知識が豊富。さらに料理が得意。身長も高からず低からず。男性の場合、「ヒールを履いたら自分より背が高いとつらい」と考える人が多いようですが、彼女の159センチという身長は、この点でも問題ないでしょう。

こんな女性なら多くの男性が喜んで「会ってみたい」と言うに違いありません。

ということで、広く網をかけ、このような良い話を列挙したらどうなるでしょうか？

　その際に、唯一、好みが分かれるであろう「人見知りでインドア派」という特徴はあえて隠したとします。

　そうするとどうなるでしょう……。

　友人が多く、みなで騒ぐのが好きな男性は、彼女に会って「ちょっと困ったな」と感じるはずです。

　では最初に、制約条件である「人見知りでインドア派」という特徴で絞り込んで、同じように「人見知りでインドア派」の男性をターゲットにしたらどうでしょう？

　会った男性は、会話からにじみ出る人柄で「好み」と思い、

【絞れば強くなる】

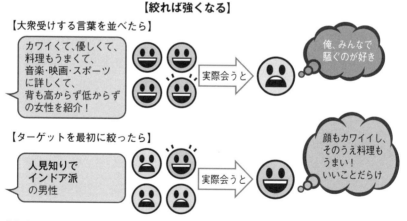

「大衆受け」よりも、「ターゲットを絞る」方がうまくいく
「プラス条件」と「制約条件」に分け、ターゲットを「制約条件を好む」人に絞る→制約条件さえもプラスになる
　⇒この好意的な状態で、さらにプラス条件が加わるので、説得力が高まる

続いて、「料理がうまい」「頭の回転が速い」「知識が豊富」といった要素に、さらにグングン魅かれていく。異性を紹介する場合、こちらの方が明らかに成功確率は高く、両者から喜ばれるでしょう。

　「下手な鉄砲も数打ちゃ当たる」よりも「絞れば強くなる」、というビジネス則は重要です。

ターゲットとアピール材料の相互作用

　続いて、ターゲットを絞ると、それによって「アピールすべき特徴」も限定されるという、相互作用の方を考えてもらいます。

　以下のワークは前書『人事の企み』の中でも使ったので、解答を覚えている方もいるでしょうが、まあ、考えてみてください。

Question8

　以下のような求人がありました。

　あなたはどのような人をターゲットに選定し、どの情報を優先的に求人広告に載せますか？

小さな貿易商社

勤務地　赤羽（都心からは少し離れたセンベロの聖地）

営業事務

① 業界では有名な社員5名の会社。平均年齢54歳。営業職4名、経理の年輩女性1名

② 駅前。1階はレストラン

③ 社費で豪華海外旅行に招待。コロナ前はハワイに6泊8日、モアナサーフライダー泊。お小遣い付き

④ 残業ほとんどなし。5時即帰宅が基本

⑤ 有給取得容易。10連休する人も多い

⑥ 海外との取引が多い。メールや電話で簡単な英語を使うこともある（使わなくてもOK）

⑦ 海外からの外国人訪問も月1〜2回あり

⑧ 簡単な受発注事務

⑨ 英会話・簿記学校に勤務時間内に通うことも可能。スクール代は全て会社が支給

⑩ 営業は日中外出。経理の女性も銀行・回収関連業務で2時間は外出。一人で気楽に留守番

⑪ 経理の年配女性は、言葉は多くないが、親切。誰もが「怒ったのを見たことがない」と言う

⑫ 余裕がある時は事務所で昼ドラを見たりできる

⑬ 服装自由。ネイル・巻き髪もOK

⑭ 営業社員は年配だが、うち2名は英語ペラペラ。経理の女性も多少英語ができる

※巻末のワークブックに、実際に書き込むための解答用紙を用意しています。ぜひそれを使って、実作してみてください

　一般的にこうした求人だと、仕事がラクで、キレイ、楽しいというネタが喜ばれますよね。それであれば、③、④、⑤、⑧、⑩、⑫、⑬などが引き句として使われそうです。もしくは、この仕事を足掛かりに国際派に転身したいと考える意識高い系の人をターゲットにする手もあります。その場合であれば、⑥、⑦、⑨、⑭を使うのではないでしょうか。

　広告でそうした情報を前面に出せば、そこそこ応募者は集まるはずです。でも、実際に面接でこの会社に足を運んだら、どうなるでしょうか？

　ラクでキレイで楽しい会社に行きたい人であれば、当然、きらびやかな社屋で、エリートが集い、交際相手に恵まれるような、そんなことを夢見て来るでしょう。それが、駅前とはいえ、1階がレストランの、俗に言う「下駄箱ビル」。ドアを開けると50代の面々。社員はたったの5人……。ギャップが大きすぎて辞退続出になること請け合いです。

たぶん、グローバル志向の意識高い系の人も、「こんなはず
じゃなかった」と思うはずです。世の中には、キレイ、ラク、
グローバルといった志向を持つ応募者が多いため、数を稼ごう
とついこちらを狙い、情報もそちら向けに集めがちですが、こ
れではうまくいきません。

　次に考えられるターゲットは、年配者の多い地味な環境にも
なじみやすく、また、時間的拘束が少ないということから、主
婦層でしょう。ただ、ここでも問題が一つ出てきます。それは
「長い社員旅行」。もちろん行かなければよいのですが、「家族
経営、社員は全員仲間」という昭和的な匂いがします。果たし
てドライな個人主義が許されるか、そこに不安が残ります。

　実はこのケース、かつて私が、女性向け求人誌「とらばーゆ」
の求人制作で担当したものです。上記を踏まえて第一に選んだ
ネタは、①、⑪、⑫。広告のキャッチフレーズは

**「5名のおじさん、おばさんは、あなたが来るのでドキマギしな
がら待ってます」**

でした。

　ターゲットは分かりますか？

　**奥手で地味で、同年代の派手さについていけず、もちろん異
性に対しては緊張する**。この会社はそういうタイプの若い女性
を、やさしく迎え入れてくれる──。

　確かに、こんなシャイで奥手なタイプは、若い女性全体の1
割にも満たないかもしれません。でも、当時の「とらばーゆ」

関東版の読者は20万人もいました。そのうち1万人程度は、こんな風にシャイで奥手な人でしょう。なのに、誌面に並ぶ広告は、きらびやかで多数派の若い女性が喜びそうなものばかり。だからこの1万人は応募先に悩んでいます。そこにこの広告。これならまさに「採り放題」でしょう。勤務地の赤羽も、この場合はむしろプラスに感じてもらえるはずです。ちなみに、予想通り、この会社にはそんな、世間ずれしていない地味な女性が採用されました。彼女はのびのび働き、そして、初めての海外を社員旅行で経験できて、感激していたとのことです。

　ターゲット（この場合、奥手で地味な女性）を絞ると、それに応じてアピールポイント（①、⑪、⑫）も変わることがご理解いただけましたか。

　この相互作用をぜひ心してほしいところです。少し先で実践するSTP分析（セグメント→ターゲット→ポジショニング）でより詳しく解説いたしますね。

大前提を遵守しつつ、戦術ツールを使いこなす

　ここまで読んできて、「あれ、『ビジネスとはコンセプトを伝えるためにあり、商品やサービスはそれを運ぶ乗り物でしかない』という話はどこへ行った？」と違和感を持つ人もいるので

はないでしょうか。

　ここでは販促に力点を置いたため、コンセプト論とは少し立ち位置が異なります。この点については以下のように考えていただければよいでしょう。

　サービスや商品を考えるときは、その大前提として、あくまでも会社もしくは事業総体でのコンセプトが根源になければなりません。そうした前提はもちろん順守した上で、「売れるビジネス」を作るために、販促活動がある。その際に、セグメント戦術という技をぜひ利用してほしい、という話なのです。

　前章の「ピレネー山脈での遭難」の話でも、大前提は「生き延びて人里にたどり着く」でしたが、局面ごとに採る戦術は、「古地図」→「川下り」→「小鳥の鳴き声」へと変わっていきました。それと同様に、大前提を順守した上での戦術ツールとして、セグメントはとても有効だと考えてください。

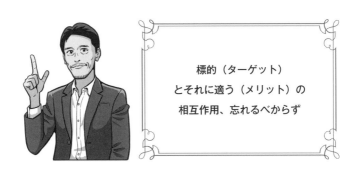

標的（ターゲット）
とそれに適う（メリット）の
相互作用、忘れるべからず

セグメントは際限なし。
それもまた楽しからずや

大きな池でも、釣り糸を垂らす人が多すぎると釣果は上がらない。一方小さな池でも、ほかに釣り人がいなければ釣果は上がりやすい。ブルーオーシャン戦略は商品開発でも採用でも効果的だ。

（写真：123RF）

ここからはセグメント戦術のうち、効果が大きいのに、多くのビジネスパーソンが見落としている有名なものを取り上げて紹介いたします。

先に、年配者だらけの小さな貿易商社で、「地味で奥手な女

性」にターゲットを絞って、採用が大成功した話を書きました
ね。こうした話はよく「ニッチ戦略」と呼ばれます。ニッチ戦
略の妙とは何でしょうか？

　以下のワークで考えてみてください。

Question9

　以下の事例はマーケティング的には間違いです。どこが
間違っているでしょう。

　書籍の編集者は、できるだけ売れる本を作ろうと考えま
す。世の中では出版不況が叫ばれ、なかなか本が売れませ
ん。現在よく本を買ってくれるのは、仕事や付き合いなど
で、どうしても「すぐに役立つ教養」が必要な30代の男
性ビジネスパーソンです。

　そのため多くの編集者は「30代×男性×ビジネスパー
ソン」をターゲットに本を企画します。

　この考え方のどこが間違いでしょうか？

※巻末のワークブックに、実際に書き込むための解答用紙を用意しています。ぜひそ
　れを使って、実作してみてください

148

答え

レッドオーシャンとブルーオーシャン

　私も出版社から、よく単行本の企画を持ち込まれるのですが、このタイプの編集者だと、あまり話を聞く気がしません。

　確かに、30代男性のビジネスパーソンを狙った本は、カテゴリー総体では売り上げが一番多いでしょう。ただし、そう思ってたくさんの本が出版されるため、**大きな池ではあるけれど、そこに釣り糸を垂らす人が多すぎて、釣果が上がらない**構造になります。

　そう、俗にいう「レッドオーシャン（血の海）」ですね。

　それならば、**面積は小さい（＝ニッチ）けれども、釣り人が全くいない池を狙った方が釣果は上がりやすい**。こちらはすなわち、濁りのないブルーオーシャンです。

　つまり、多くのニッチ戦略は、ブルーオーシャン戦略でもあるということに気づいてください。

　ところが、ビジネスの世界では「大きな血の池」を志向する人が多すぎるのです。採用の仕事をしているときに、つくづくそう思いました。

　例えば、多くの企業は、「グローバルで最先端」を標榜しようとする。確かにそういう方向を好む求職者は多いですが、それ以上に、そんなきれいごとを謳うライバル企業が多すぎて、

かえって採用できません。こんな状況で、「うちは絶対国内の
み、県外だって正直あまり気が進まない」という企業があった
らどうでしょう。「うーん、将来性がないなあ……」と二の足
を踏む求職者は多いですが、数パーセントいるだろう引っ込み
思案な求職者は、「俺、地元から絶対出たくない、よかった」
と思うでしょう。

　「社員全員、自由闊達、自律的に働いている」。こんな謳い文
句の求人もありがちです。ところが世の中には、「自律とかリー
ダーシップとか苦手。言われるままに働きたい」という人もか
なり多い。そういう人はもう行き場がありません。だから、かな
り大きなニッチができている。そこに釣り糸を垂らせば、入れ
食いでしょう。「無理して考えなくても大丈夫。言われた通りに
やってください」という会社に、けっこうな応募が集まるのです。
　**池の大きさばかり見ず、釣り人の数を考え、ブルーオーシャ
ンを狙う**。これが、マーケティングの妙です。

缶コーヒーというゼロサム商品に新たなセグメントは見つかるか？

　過去のプロモーションを見ていて、ああすごいブルーオー
シャン戦略だと快哉を叫んだことがありました。
　それは、「朝専用」と銘打った「ワンダ モーニングショット」

という缶コーヒーです。もう20年近く前になりますが、所ジョージ氏を起用したCMなどが今でも思い出されるところです。

　缶コーヒーのマーケットを整理してみましょう。

　この商品は、基本的に、熟年男性がメインターゲットとなります。

　なぜか？　妻子がいて住宅ローンに苦しむ年代であり、お小遣い制で暮らしている——つまり「お金がない」のです。さらにいうと、過去は窓際族などといって、熟年管理職は暇でしたが、今は、生存競争が激しく、昇進できる比率も下がっているため、バリバリ働いている（ように見せなければならない）人が多い。つまり、サボれもしません。

　金もない、サボれない、とすればカフェにも行けずに、自販機で缶コーヒーを飲むしかない。

　この状況、激しく同意する熟年男性が多いでしょう。そうすると、缶コーヒーは熟年主体の会議の傍らに置かれ、飲み干せば灰皿などに転用され……。決してイメージが良いものではありません。

　一方、お金に余裕のある独身貴族たちは、スターバックスコーヒーやタリーズコーヒーなどに行く。多少懐が寒くても、コンビニがコーヒーを売っているから、そっちに行く。飲みニケーションが減った現在では、こうした「カフェでケーション」が増えていますね。

　これが、缶コーヒーを取り巻く構図です。そこで新製品開発

もプロモーションもすべて、「熟年男性」をターゲットに、また、使用場面は「午後の会議」に設定されてしまう。だから、「大きい池だけど、釣り糸を垂らす人が多数」なレッドオーシャンとなってしまったのです。

　考えてもみてください。過去から現在に連なる記憶に残る缶コーヒーのCMの数々を。

①おじさん受けの良い**癒し系女性タレント**
②野球やゴルフなどの**有名選手**
③**同年代の男性タレント**「悲哀」と「やりがい」を醸し出す

　飯島直子あたりから始まった①、王貞治氏やタイガー・ウッズ氏などが懐かしい②、宇宙人ジョーンズシリーズや竹野内豊氏、山田孝之氏などの③と、もう枚挙にいとまがありません。同じ池に同じ餌で釣り糸を垂らすだけの業界構造だったのです。ただ、購買層は鉄板のため、ここを崩すことは不可能だと、みな諦めていました。

個性的な若者でも超えられない
缶コーヒーの「高い壁」

　私が京都精華大学で教鞭を執っていたころ、学生たちに「缶

コーヒーの新製品を考える」というお題を出したことがありました。知り合いの飲料メーカーの開発責任者もそこに同席して、高評価なら製品化もありうる、というかなり真剣な場です。

　個性的な学生がそろう同大学では、こうした制約だらけのレッドオーシャンな製品でも、月並みではない発想が見られました。その中の一つが、「食べる缶コーヒー」。会議にお菓子は持ち込み禁止だけど、飲み物ならOK。そこでババロアのようなタイプで、プルトップ缶にし、「食べてないよ、飲んでるだけ〜」という裏技で言い逃れをする（笑）――確かに凝り固まった日本企業の旧弊によく立ち向かっています。

　問題は、ターゲットです。たぶん会議に倦怠感のある若手、それもスイーツ好きな女性をメインに想定した商品企画だったのでしょう。

　ただ、いくら暇つぶしとはいえ、若い女性が、男くさい午後の会議中、熟年イメージの染み付いた缶コーヒーというものを飲むか。そして、スプーンも箸も使わずズズズーと飲むのがはたしてかっこいいのか？　しかも、コーヒーではなく、ココアやミルクなどの方がふさわしいのではないか（これは、缶コーヒーを作るという当初のお題が守られていない）。本当に売るなら、生クリームやコーンフレークなどを加える方がよいが、そうすると「飲んでるだけ」と言い訳ができなくなる。さらにいうと、ゼリー飲料などの先行類似商品に勝てるか……。

　といった感じで、面白くはあったのですが、メーカーのプロ

からの評価は、「やや受け」程度にとどまりました。

セグメント軸は無限に見つかる。
だからマーケティングは面白い

　さて、こんな難問に対して、「朝専用」を銘打ち、「時間帯」**という思いもよらないセグメントを市場に問いかけた**のがモーニングショットだったのです。

> 朝なら誰も見ていないから、若者や女性も「カッコ悪い」缶コーヒーを飲む
> 朝、寝起きはムカムカするので、すっきり味のコーヒーなら飲みたい
> 朝、コーヒーを淹れるのは手間がかかる。とりわけアイスコーヒーは作る余裕がない
> 朝、徒歩で通勤中でも缶ならこぼさず飲み干せる
> 朝専用なら、会議の空き缶灰皿という悪いイメージも出ない

　こうした「朝＝時間軸」という特殊な切り口で、味も全く変えることで、見事に難攻不落の堅固な城を落としてみせたのです。
　「セグメント戦略なんてやりつくして、もうブルーオーシャ

ンなどありえない」、そんな風に弱音
を吐くのは甘ちゃんであり、クリエイ
ティブは際限ないということを改めて
知らしめてくれた快作でした。

結局、商品やビジネスを考えるとき、
重要な作法としていえることは、「た
くさんの人を狙う」か、「絞って強く
訴える」かなのです。

　一番買ってくれそうな人を狙うと、
他社も当然そう考えるので、競合が多
くなる。だから釣果の上がらないレッ
ドオーシャンになる。

(写真提供：アサヒ飲料)

　あえてターゲットを変える。小さな池でも競合がなければそ
こはブルーオーシャンになる。

池の大きさと釣り人の数。
セグメント戦略の要諦は
このバランスにあり

　この「言うは易し、行うは難し」のビジネス作法をぜひ、身に付けてほしいところです。ということで、最後にもう一問、復習も兼ねてワークをやっていただきましょう。

Question10

　以下のような立地でお店を作ろうと思います。どんなお店を作りますか?

※巻末のワークブックに、実際に書き込むための解答用紙を用意しています。ぜひそれを使って、実作してみてください

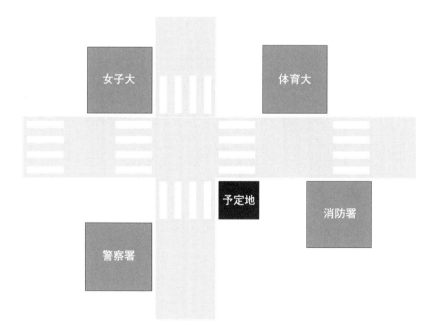

さあみなさん、どんなお店を考えましたか？
まさか、もう、「ドカ食い系」の店を考えた人はいませんよね。
だって、たぶん、現況はこんなでしょうから。

以下のような立地を、レッドオーシャン（血の海）といいます。

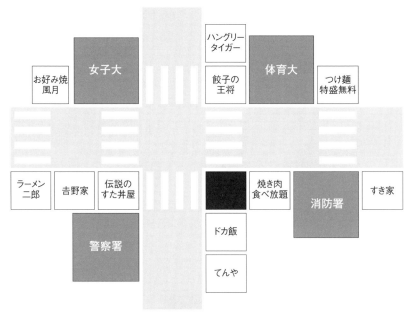

▶ おいしいターゲットはみなが狙うから、
　過当競争でレッドオーシャンに

▶ 多少、ボリュームが減っても、
　みなが狙わない層にターゲット設定を

「あさイチ」と「金のつぶ」の共通点

朝の番組として安定的な人気を誇るNHKの「あさイチ」。匂わない納豆としてロングセラー商品となったミツカングループの「金のつぶ」。この2つには実は共通点がある。キーワードは「すくみ」と「面積」だ。

（写真：123RF）

　ここまではターゲットとセグメントのダイナミズムを利用した、ニッチおよびブルーオーシャン戦略というものを書いてきました。ここでさらに一歩踏み込むと、また面白い経営戦略が見えてきます。

159

論より証拠で、またワークをやっていただきましょう。

Question11

　スキャンダルや事件を報道することが多い「朝のワイドショー」の中で、「ほのぼの路線」の「あさイチ」だけは、異色の存在でした。

　同番組がそれなりの高視聴率を稼いでいるのに、なかなか類似番組は出ず、最近になってようやくTBSの「ラヴィット！」が登場した程度ですが、こちらは視聴率があまり冴えません。

　これはなぜでしょうか？

●ターゲット

●レッドオーシャン、ブルーオーシャン

を使って説明してください。

ターゲット
類似番組が少ない理由

※ワークブックOPに、実際に書き込むための解答用紙を用意しています。ぜひそれを使って、実作してみてください

実は後発番組だった「あさイチ」

　「あさイチ」は10％前後の視聴率を安定的に獲得し、同時間帯では「羽鳥慎一のモーニングショー」と常にトップ争いを続けています。旧来型の事件とゴシップ中心のワイドショーのカテゴリーには、「羽鳥〜」に「スッキリ」「めざまし8」など3番組が高視聴率で並んでいます。対して「ほのぼの路線」は、長らく「あさイチ」のみ。こんな状態であれば、目先の利くテレビスタッフであれば、「『あさイチ』に続いて、『ほのぼの路線』を目指しましょう！」となるはずですね。でも、そうした動きは少なかった。そして、ようやく現れた「ラヴィット！」は、開始当初の視聴率が2％前後とかなり厳しい状況でした（最近は持ち直しているようですが）。

　「ラヴィット」の低視聴率の理由について、ソフト的に考えると

①吉本系の若手芸人が多々という作りは、夜の時間帯向けで、朝だとミスマッチ
②「あさイチ」に比べて、商品・店舗紹介が多く、スポンサー目線が強い
③あさイチは、直前に定番の高視聴率番組「連続テレビ小説（朝

ドラ）」が放映されるため、その残留視聴者を獲得できる

などが挙がるのではないでしょうか。とりわけ、③は強く、朝ドラの登場人物がそのままゲストでやってきて、撮影秘話や今後の展開などを話したりします。こんな反則すれすれのことをされては、敵うはずもない……かもしれませんね。

　ただ、もう少し考えてほしいのです。テレビに詳しい人は、かつてTBSに「はなまるマーケット」という朝番組があったのを覚えていませんか？

　今は亡き岡江久美子さんとジャニーズの薬丸裕英（元シブがき隊）さんがMCを務めていたあの番組。実は、あれこそが「ほのぼの路線」の元祖でした。TBSはオウム真理教関連で不祥事（坂本堤弁護士のインタビューを事前にオウム側に流し、それがもとで同弁護士は殺害された）を起こし、その反省で、事件・事故をメインに据えたワイドショーとは一線を画すということで1996年に始まったのが、「はなまるマーケット」です。

　この企画意図は視聴者のニーズにも合い、同時間帯視聴率トップになることもしばしば。番組は20年近く続きました。

　何を隠そう「あさイチ」こそ、この「ほのぼの路線」の成功に目をつけた後発番組であったのです。その構成も、男性MCにジャニーズの井ノ原快彦を起用するなど、「はなまる」の路線を踏襲しています（今でこそ、帯番組やニュース番組でMCにジャニーズのタレント起用は当たり前ですが、当時はまだ珍

しい時代でした)。

「ほのぼの路線」で両雄並び立たなかった理由

それでも、当初は老舗で固定ファンのいる「はなまる」が強く、「あさイチ」は「夜の生活相談」のような、弱者が採る奇をてらった戦術を打ったものです。そんな無手勝流で「連続テレビ小説からの残留視聴者獲り」も生まれました。こうして「あさイチ」が着々と数字を伸ばしていき、逆に「はなまる」は失速。2014年3月をもって終了となったのです。

と、ここまでの説明に、物足りなさを感じた方は、「なかなかビジネスセンスあり！」ですね。というのは、**一方で普通路線のワイドショーは、3番組が高視聴率で鼎立しているのに、なぜ、「ほのぼの路線」は両雄並び立たなかったのか**。問題はそこです。

それはすなわち、「池が小さかったから」に他なりません。

といっても、2番組を合わせて視聴率10％以上を楽に稼いでいるのだから、そこそこ大きな池であり、ゆえにニッチだと気づかなかったのでしょう。

この教訓、お分かりいただけますか？ **「ニッチ」領域において、圧倒的なキラーツール**（あさイチの場合、前番組からの

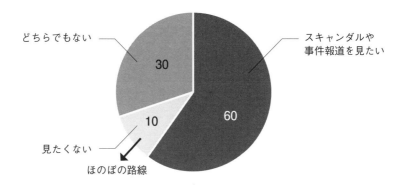

どちらでもない

スキャンダルや
事件報道を見たい

30

60

10

見たくない

ほのぼの路線

残留視聴者）<u>でシェアを確立してしまうと、他者を寄せ付けない</u>存在となりうるのです。

　まず、中小のライバル企業は、資本力や技術力が足りないため、先発勝者に無理な戦いを挑みません。一方、技術と資本に富む大手は、マーケットがさして大きくないので魅力を感じず、あえて参入などやはりしない。そこで、1社のみが圧倒的シェアを獲得し続けることになります。

　こうした<u>ニッチでの独占領域を「すくみ」</u>と呼びます。他者がすくんで入り込まない状態ですね。これは、衰退産業などでよくみられる現象です。同業他社がどんどん廃業に追い込まれる中、最後まで粘り続けると、その領域で技術・技能を持っているのが、ほんの数社となってしまい、彼らは、安泰かつ「言い値」で仕事ができるようになる。これを、先行利益からもじって、「残存者利益」などと呼んだりします。

間口と奥行きから面積を割り出してみると

最後にもう一つ、ターゲットとセグメントに関する面白い話を書いておきます。

みなさん、「金のつぶ」という納豆はご存知ですよね？ 以下のワークをやってみましょう。

Question12

匂いが少ない納豆として大ヒットした「金のつぶ におわなっとう」。さて、この商品は、以下のどの層をターゲットに開発されたでしょうか。

① 「納豆が食べられない」という人（日本の全人口の約40％）
② 「納豆は月1回くらい食べる」という人（同約30％）
③ 「納豆は月2〜3回くらい食べる」という人（同約20％）
④ 「納豆大好き。週2〜3回食べる」という人（同約10％）

（写真提供：ミツカングループ）

※巻末のワークブックに、実際に書き込むための解答用紙を用意しています。ぜひそれを使って、実作してみてください

その理由

_____

_____

_____

　ちなみに、ここに挙げた「納豆好き・嫌い」のパーセンテージは、「におわなっとう」を開発していた頃、今から30年近く前の話です。当時は今よりも「嫌い」な人がかなり多くいました。

　さて、今回はズバリ、答えから書きます。正解は④の「納豆大好き」な人向け。

　「え？　納豆大好きなら、別に匂いなんか気にならないじゃない」と不思議に思うでしょう。ところが、納豆好きな人が納豆を我慢している一番の理由が、「周りの人に臭いと言われる」ことだったのです。だから、匂いを減らして、思いっきり食べてもらおう、という意図で開発されました。

　ここで、皆さん考えると思うのです。

　「納豆大好き」な人が食べる回数を増やすのと、「納豆が苦手」という人が納豆を食べられるようになるのと、どちらが売り上

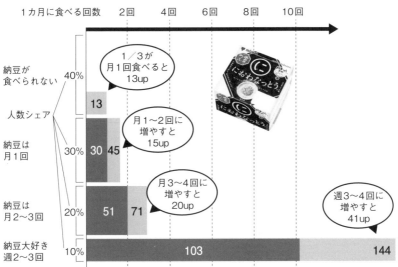

ターゲティングは、「間口」ではなく「面積」

各ターゲット群の売り上げが30％ずつアップした場合、全体の売り上げがどれだけ伸びるかを計算してみよう！
売り上げは、「人数（％）」×「回数」。これが30％ずつ伸びるとすると、「納豆大好き層」の伸びが一番大きい。

　げ増につながるのか、と。

　この時、目の前にある数字を見ると、「納豆苦手」は日本人の40％にもなる。対して「納豆大好き」は10％。数字だけ見たら、ターゲットは「納豆苦手な人」にすべきじゃないか……。

　ここからはミツカングループの開発担当者、新美佳久氏から聞いた話となります。

　まず、人数の上で圧倒的に多い「納豆苦手な人」をターゲットにしたとしましょう。匂いを弱くしても、彼らはそもそも納

豆に興味などないのだから、たまにしか食べません。たぶん、給食や定食などで添えられたときに「無理やり食べる」程度でしょう。せいぜい月1回、食べる回数が増えるのが関の山なんです。

　一方、納豆大好きで今でも週2〜3回食べている人が、それこそ毎日食べてくれたら。月にして食べる回数は20回くらい増える。そうすると、「間口（人数）」は少ないけど、「奥行き（回数）」をかけた「面積」では、圧倒的に「納豆大好き」をターゲットにした方が売り上げ増につながる、と。

　この新美氏の至言、心してほしいところです。**ビジネスは、間口ではなく、面積だ！** と。

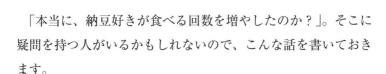

かつて納豆は「家で朝しか食べない」ものだった

　「本当に、納豆好きが食べる回数を増やしたのか？」。そこに疑問を持つ人がいるかもしれないので、こんな話を書いておきます。

　1990年代前半までは、西日本では基本的に、納豆嫌いが大多数だったのです。また、納豆好きの多かった関東・東北でも、それは「朝ごはんで食べる」ものでしかありませんでした。家族しかいない席で、かつ食後には洗面台で、口すすぎもできる。

そういう限られた場でしか食べなかったのです。

　ところが今ではどうでしょう？

　ランチでにぎわう定食屋さんや丼チェーン店では、普通に副菜として納豆がついてきます。これは30年間で大きく変化しました。昔は「他のお客さんが嫌がるから」と、納豆を出さない店が多かったそうです。とりわけ、関西地区では絶望的なまでに、外食で納豆は食べられなかったと聞きます。

　また、夜の席でも、居酒屋や家庭での晩酌で、普通に納豆にオクラやイカなどをあえたメニューが添えられます。いつの間にか、納豆は、朝昼晩・外食・家庭、どこでも食べられるものになったのです。

　こうして、リピーター戦略は成功しました。

　その上で、「匂わない」ことをウリに、小中学校などの給食に廉価提供するという戦略で裾野を広げる間口拡大策も打ちました。こうした流れを経て、今では納豆は国民食にまで発展しています。もちろんその他にも、パッケージの進化や、卵味やしそ味といった商品バラエティの増加など、様々な理由があって、今の地位を築いていることは否めません。

　しかしこの大変化の糸口が、「におわなっとう」であることは間違いないでしょう。

　これをいつものたとえで語るなら、「池が一見大きくても、浅い場合、魚は少ない。小さい池でも深い場合、魚はたくさんいる」とでもいうところですね。

ブルーオーシャン、
レッドオーシャン、
すくみ、面積……。
"池の大きさと釣り人" 理論も
バリエーションは尽きません！

4章

STP分析で「アイデアの達人」に

ビジネス戦略を分かりやすくたとえるなら、さしずめ三元連立方程式だと言えるでしょう。ターゲット×商品特性×想定競合の3つをチューニングすることで、次々と新たな戦略がひねり出される。この相互関係を使いこなせるようになっておくと、マーケティングの腕が格段に上がること、請け合いです。

ターゲットを絞り込み、商品特性と想定競合を考え合わせて、戦略を練る方法としてよく使われるSTP分析を、この章では体得していくことにします。

フレームワークで情報整理

　ここまでで、コンセプトとコンセプトワーク、パッケージング（アラインメント）、ターゲットとセグメント、とビジネス上のクリエイティブを考えるツールは一通りそろいました。
以降ではこのすべてを用いて、実際にビジネスを考える練習をしてみましょう。その際にぜひ知っておいてほしいのが、「STP分析」です。これは、ビジネスを考えるための「フレームワーク」ツールの一つです。

（写真：123RF）

172

とっても便利な「フレームワーク」

　フレームワークという言葉に慣れていない人もいるかもしれ
ませんね。そこでまず、これが便利だと体感できるようなワー
クを一つ、してもらいます。

Qustion13

　あなたは、超高級ホテルの和洋中食べ放題（バイキング）
に来ています。広い会場に、食べたいものがそこかしこに
並んでいます。さあ、どうやって、お皿に取っていきます
か？

（写真：123RF）

173

ビジネスホテルの朝食バイキングならば、そこにある料理も大体、予想がつきます。なので、食べたいものを適当に取ればそれで終わりでしょう。

　でも、それが超高級ホテルのバイキングで、見たこともない和洋中の逸品が多々並んでいたら、どうしますか?

　取り皿の上に、気になるものを並べていくとすぐに一杯になってしまうでしょう。そして席に戻り、それを一通り食べた後にまた取ってくる、とそんな感じでしょうか。

　みなさんは成長期の体育会系の学生でもないから、胃袋には限界があります。こんな出たとこ勝負をしていたら、全ラインナップを見ないうちに、お腹がすぐ一杯になってしまいますよね。

　逆に、料理が並べてあるテーブルを全部見てから取るという人もいるでしょう。ただ、会場は広く、和洋中コーナーそれぞれに長いテーブルが3つもあります。これだと、頭の中がこんがらがってしまい、全体を見た後には、一番「食べたい」と思ったものが何だったか忘れてしまいそうです。

　覚えていたとしても、「好き」「食べたい」という選択軸であれば、似たような好物、例えば、ステーキ(洋)と角煮(和)と東坡肉(中)で被りまくったりもします。同様に、メインばかり、あるいはデザートばかり食べてしまうなんてことも起こるでしょう。

　「メモを取ればいい」とも思うでしょうが、数が多すぎるの

	前菜	サラダ	スープ	主食	主菜	副菜	スイーツ	材料	ドリンク
和食									
フレンチ									
アメリカ料理									
イタリアン									
中国料理									
エスニック									

で、やはり分からなくなりそうです……。

　こんな時に、上のような「整理用の表」があったらどうですか。

　食べたいものをこの表にしたがって書き込んでいけば、類似品の被りも防げ、バランス良く、バイキングを楽しめるはずです。

　このように情報を整理したり、意思決定を支援するためのツールを「フレーム」と呼ぶのです。

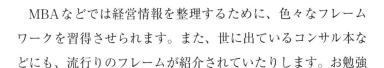

**お勉強はほどほどに。
「フレーム」コレクターなど問題外**

　MBAなどでは経営情報を整理するために、色々なフレームワークを習得させられます。また、世に出ているコンサル本などにも、流行りのフレームが紹介されていたりします。お勉強

好きな人は、年がら年中、こうしたフレームを頭に詰め込んでいるのですが、私はそこまでたくさん知る必要はないと思っています。

　古くから多用されるフレームのいくつかを、確実に利用できるようにしておけば、それで十分でしょう。

　有名なものとしては、2章の「欧米と日本のコンビニの違い」で用いた「2軸分析」、強み（Strengths）、弱み（Weaknesses）、機会（Opportunities）、脅威（Threats）の4つの項目で整理するSWOT分析、そしてこれから学ぶSTP分析の3つを、しっかり使いこなせれば、まあ、たいていのことは大丈夫だと思います。

 ## 分かったようで分かっていないSTP分析

　とはいえ、STP分析はなかなか手ごわいツールです。言っていることは分かるのだけど、それを自由に使いこなせない、といったタイプのものでしょう。

　その理由の一つは、まずSTPの語義を実戦的に理解できない人が意外と多いからです。3章に少し書きましたが、これは、S（セグメント）、T（ターゲット）、P（ポジション）を指します。本書の読者であれば、この3語について何度も読み、その上、ワークもこなしてきているので、ここでつまずく心配は

ないでしょう。

　続いて分からなくなるのは、何に対して「セグメント」する
かです。

　セグメントは「絞り込む」という意味でしたね。

　本書ですでに学んだように、「ターゲット」を絞り込むのは
もちろんですが、たくさんの「特徴」の中からどれをメインに
打ち出すかという絞り込みもあります。そのほかにも、競合に
対してどの「ポジション」を取るか、というのも絞り込みです。
そして、この3者が相互に連関するため、一つを絞り込むと他
に大きな影響を及ぼします。

　つまり、何を絞り込むか、で戸惑う人も多いようです。

　前置きが長くなりましたが、「難しそう」と心配にならない
でくださいね。まずは習うより慣れよ！　ワークで学びましょ
う。今回は、「新幹線」という鉄道網（とそれにより提供され
る運輸サービス）のプロモーションを考えます。

 あの名プロモーションを腑分けしてみよう

　本格的なワークに入る前に、まずは復習も兼ねて、ジャブで
す。

いつものように名コピーの読み込みから始めましょう

新幹線と聞いて思い出すのは、「そうだ 京都、行こう。」のCMですね。

Question14

そうだ 京都、行こう。

実は、広告設計的に100点満点の作品です。

だからこそ、20年の時を経ても、視聴者の心に残り続けているのです。

ではこの広告、何がすごいのですか？

※巻末のワークブックに、実際に書き込むための解答用紙を用意しています。ぜひそれを使って、実作してみてください

いきなりこんな問いかけをされても、広告業界の人でなければ難しすぎますよね。

そこでまず、以下のように分解して考えてみましょう。

❶なぜ東京ではなかったのですか？

❷なぜ大阪ではなかったのですか？

❸プロモーションの想定していた時期はいつですか？

❹この広告を見た人にどんなactionを期待したのでしょう？

　これでもまだ分からない人は多いかもしれないので、ヒント
となる問題をもう一つ。

❺この広告のコンセプト（伝えたいこと）は、2つあります。この短いフレーズはその2つを見事に表しています。さて、その2つとは何でしょうか？

```




```

「そうだ 京都、行こう。」で取り上げられる四季折々の京都の風景や風物詩は、映像も音も幻想的で、私たちの心を魅了してやみません。広告業界や観光業界でも、この広告は高く評価され、多くの賞を受賞しています。それは、この広告が見目麗しく、響きも良いというだけの理由でもらえたわけではありません。広告設計上満点で、しかも意図した購買行動を喚起したから評価されているのです。

「京都」はどこからでも4時間圏内

　この広告の構成を、上記の設問に沿って解説していくことにしましょう。

　まず、新幹線の広告だから、最終的な目的は「新幹線の乗客を増やしたい」です。とすると、ターゲットは、「新幹線沿線に住んでいる人たち」となります。この時想定される、新幹線

のライバル（競合）は何か。

　長距離移動の手段として並び立つのは、やはり「飛行機」でしょう。

　ここまでを整理しておきます。

＜ターゲット＞新幹線沿線の住人

＜競合＞飛行機

　このあたりから、「京都」である理由が見えて来ませんか？大阪や東京だと、（飛行場は多少、都心から遠いですが）飛行機でもゆうゆう行けちゃう場所です。が、京都だと飛行機ではなかなか行きづらい。とすると新幹線をプロモするなら、京都推しで、となるわけです。

飛行機では行きづらい＝京都

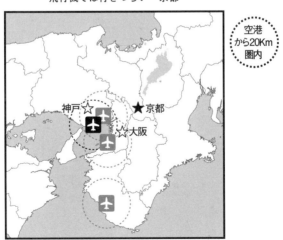

京都は東京に比べて、新幹線のプロモに有利な点がもう一つ
あります。それは、地理上、新幹線網のほぼ中心にあること。
新幹線網から見た時、東京はその名の通り、かなり東に偏って
います。

　ちなみに、「新幹線で4時間かからず行ける」場合、多くの
人は飛行機ではなく、新幹線を使うそうです。確かに飛行機だ
と乗っている時間は短いですが、空港への往復や、空港での
チェックインなどで、＋2〜3時間かかってしまいます。だから、
乗っているのが1時間だったとしてもトータル3〜4時間か
かってしまう。それなら、乗っているだけで済む新幹線を選ぶ、
ということなのでしょう。

　この「4時間」というキーワードで新幹線網を見た時、京都
ならば、九州南端の鹿児島までカバーし、北は東京乗り継ぎを
しても、新潟・仙台まで入ります。居住地人口でいえば、日本
の8割くらいになるのではないでしょうか。

　一方、東京は東に寄りすぎているせいで、西は広島がギリギ
リ。そこから西、山口及び九州一帯が「飛行機」に取られてし
まうでしょう。その分、東京は東北には強くて全県をカバーし
ますが、そのうち、京都から4時間でリーチできないのは、岩手・
秋田・青森の3県のみ。そして北海道は、東京、京都とも鉄道
では4時間でリーチは無理。

　つまり、より多くの「新幹線沿線住民」に対して「飛行機よ
り便利」と訴えられるのは、東京より京都なのですね。

※当広告はJR東海のプロモーションであり、CMのテレビ放映は東京〜東海地区限定
　でした。が、広告自体の持つパワーという意味で、全国展開でも十分に効果を上げ
　ただろうという意味で、この一節は書かせていただきました。

いつ行ってもハズレがないのが京都

　今度は大阪と京都を比べてみましょう。

　まず、前述の通り、大阪は1時間圏内に3空港もあり、飛行
機の利用が非常に便利です。だから、「大阪」の良さを訴え成
功した場合、新幹線ではなく飛行機の乗客が増える可能性が
高い。これが一つ目のボツ理由でした。

　二つ目に大事なことは何でしょうか？

　ここが大きなポイントです。

　大阪も確かに観光地としては楽しい場所ですね。ただ、何度
もリピートしたくはなるでしょうか。そう書くと、「USJやな
んばグランド花月は何度行っても飽きない」というファンから
怒られそうですね。これは語弊がありました。

　大阪には、いつ行っても安定の楽しさがあることは分かりま
すが、訪れる時節によって「行きたくなるような特別な理由」
は見出せるでしょうか？

　ここなんです。

1月1～3日	皇服茶	六波羅蜜寺	若水でたてた小梅・昆布のお茶
1月1～3日	初大国祭	地主神社	良縁祈願
1月最初の辰の日	初辰大祭	貴船神社	
1月1日	若水神事	御香宮神社	
1月1日	歳旦祭	西院春日神社	
1月2日	大般若転読法要	善峯寺	
1月3日	かるた始め式	八坂神社	
1月3日	福給会	穴太寺	
1月4日	蹴鞠はじめ	下鴨神社	
1月7日	白馬奏覧神事	上賀茂神社	
1月7日	七種神事（七草粥）	御香宮神社	
1月7日	若菜祭	西院春日神社	
1月7日	若菜祭	北野天満宮	
1月7日	始業式	各花街（上七軒は9日）	
1月10日	十日ゑびす大祭(初ゑびす)	恵美須神社	
1月12日	奉射祭	伏見稲荷大社	
1月成人の日	泉山七福神巡り	泉涌寺	
1月14日	裸踊り	法界寺	
1月15日前後の日曜日	楊枝のお加持	三十三間堂	
1月15日	御粥祭	下鴨神社	
1月15日	左義長祭	新熊野神社	
1月15日	粥占祭	出雲大神宮	3本の竹筒の粥で稲の豊凶作が占われる
1月15日	爆竹祭（大とんど）	吉祥院天満宮	
1月15日	左義長（とんど祭）	平岡八幡宮	
1月15日	初洛陽六阿弥陀めぐり	各寺院	
1月16日	武射神事	上賀茂神社	
1月20日	湯立神楽	城南宮	
1月21日	初弘法	東寺	
1月25日	初天神	北野天満宮	

京都は、年がら年中、風物の宝庫だということ。

次頁に上げたのは「1月」の神社仏閣にまつわる祭事なのですが、これほどの数になります。

そう、いつ行っても、何か特別なその時期にしか見られない風物があり、ハズレがない。これが京都を推すべき大きな理由で、この点ではやはり、東京をもしのぐでしょう。

京都にはいつでも「ふと訪れたくなる」何かがあるのです。

 ## 見事に「2つのメッセージ」を磨き上げた名コピー

この2つを、より分かりやすく、短い言葉で「コンセプト」にするなら、以下のようになります。

＜コンセプト＞

(思い立ったら) すぐ行ける。

(いつ行っても) ハズレがない。

このコンセプトをとてもうまく、たった8文字で表したのが「そうだ 京都、行こう。」。

そして、そのバックには、季節ごとの風物詩を最高のクオリティで映したビジュアル——例えば、朝起きて読んでいた新聞で京都の祭事を見つけて、行ってみたいなー、と思う。彼女や奥さんと「行っちゃおうか！」と盛り上がった時、「京都って

意外に近いのよ、午後には楽々着けるから」となる。京都というのはそういう場所。そして、その時に利用されるのは、新幹線しかない。長距離バスはもちろん、飛行機でもそんな「軽はずみ」は無理だから、です。

＊＊＊＊＊＊＊＊＊

　私たちは日常的に、秀逸なクリエイティブに接し、そのクリエイティブに操られ、施主（クライアント）の意図するフレーズを記憶し、購買行動を起こしています。ただ、そのカラクリには全く気づかず、サブリミナルに記憶と行動を繰り返しているのです。

　このコピーは、1993年に、平安遷都1200年を記念して、JR東海がCMに使ったキャッチフレーズです。以来30年、同シリーズは今日まで続いています。

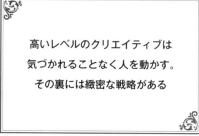

高いレベルのクリエイティブは
気づかれることなく人を動かす。
その裏には緻密な戦略がある

セグメントが
新たなアイデアを生み出す

この章ではS（セグメント）、T（ターゲット）、P（ポジショニング）の3ステップをワークで実践的に学ぶ。シンプルな「ネタ出しシート」を駆使して、競合と一味違う強みを見つけ出し、効果的にアピールしよう。

　前セクションでは新幹線のプロモーション成功例を分析いたしました。それでは、いよいよこの素材を使って、STP分析をすることにいたしましょう。

　使うのは次頁のシート。順次埋めて行ってもらいましょう。

※巻末のワークブックに、実際に書き込むための解答用紙を用意しています。ぜひそれを使って、実作してみてください

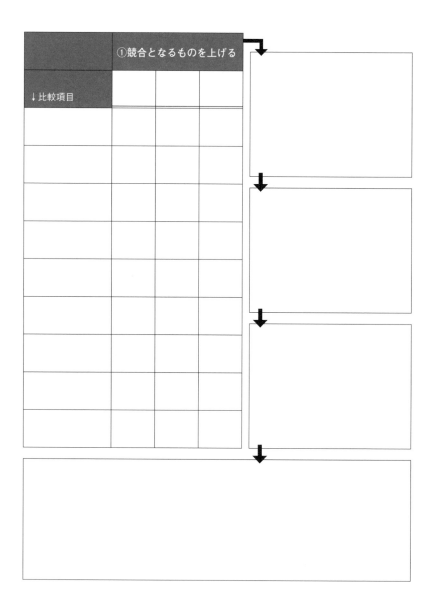

	①競合となるものを上げる		
↓比較項目			

ネタ出しシートで簡単STP分析

　まず、新幹線の競合となるものを考えます。新幹線の競合と聞いて、すぐに思い浮かぶのは「飛行機」でしたね。そのほかに、長い距離を移動する交通手段としては長距離バスがあるので、これを隣に入れましょう。

↓比較項目	新幹線	飛行機	長距離バス
Ex 運べる人数	◎	△	✕

　続いて、左端の列にこの3者を比較するための項目を、例に従い書いてください。色々出ると思いますが、すぐ思い浮かぶ

	新幹線	飛行機	長距離バス
スピード	△	○	✕
値段	△	△	○
乗り換え	○	✕	✕
駅（空港）の立地	○	✕	△
便数	○	✕	△
席の広さ	○	✕	○
バリアフリー	○	✕	△
乗車手続き	○	✕	○
予約	○	△	△
キャンセル	○	△	△

ものは、たぶん、以下のようになるでしょう。

　次にそれぞれの項目について、3者の優劣を◎○△✕で4段階評価してみましょう。たぶん、上の表のようになるのではないですか?

　この、ごく簡単なシートで、けっこう、競合比較の軸が見えるものです。

　私はこのシートを「ネタ出しシート」と呼んで、プロモーションだけでなく、新規事業や新商品を考える時、多用しています。営業（ライバル社や、ライバル営業スタッフとの比較）にももちろん使えるでしょう。ビジネスシーンに多用でき、そして手

軽で簡単なツールです。

　最上段に想定される競合サービスを入れ、左側には「機能」を羅列していく。そして、◎○△×をつけて、比較をするだけですから。

　ここまでが第1段階です。

 ## ネタのセグメントで「方向性」を出す

　第2段階は、「羅列した項目のどれを選び、どれを捨てるか」です。これがしっかりできないと、雑多な情報の羅列になってしまい、その結果、ターゲットも選べないし、メッセージも散漫になってしまいます。

　もちろんこの時、1つに絞る必要はありません。傾向が似ているもの（私はこれを「同一ベクトル」と呼んでいます）をくくってみてください。

　例えば、次のようにくくってみました。

	新幹線	飛行機	長距離バス
スピード	△	○	✕
値段	△	△	○
乗り換え	○	✕	✕
駅（空港）の立地	○	✕	△
便数	○	✕	△
席の広さ	○	✕	○
バリアフリー	○	✕	△
乗車手続き	○	✕	○
予約	○	△	△
キャンセル	○	△	△

　この3つに共通するベクトルを一言で言うなら、「人にやさしい」ということでしょう。ビギナーでも乗りやすいし、くつろげるし、スーツケースや車いすも動かしやすい。

　この「ベクトル」でくくって訴求するなら、ターゲットは、「高齢者や外国人」になるはずです。どちらも席が大きい方がいいし、大きなスーツケースや車いすなどもラクラク扱え、慣れない乗降手続きも要らない。結果、次のようなプロモーションの流れができてきます。

	新幹線	飛行機	長距離バス
スピード	△	○	×
値段	△	△	○
乗り換え	○	×	×
駅（空港）の立地	○	×	△
便数	○	×	△
席の広さ	○	×	○
バリアフリー	○	×	△
乗車手続き	○	×	○
予約	○	△	△
キャンセル	○	△	△

→

コンセプト
人にやさしい乗り物
ターゲット
子供、外国人、高齢者

セグメントを変えると、新たなベクトルが次々出てくる

　ネタ出しシートを使うと、こんな風に簡単に、コンセプトやターゲットを思いつきます。この場合の「コンセプト」は競合と比べた優位性を示しているので、「ポジション」と同義でしょう。

　たくさんある優位機能の中から、上記の3つに絞ることで、ターゲットもポジションも生まれた。だからこれを、S（セグ

メント）T（ターゲット）P（ポジション）分析と呼ぶわけです。

どうですか？　こんな感じでひもといていくと、「ずいぶん簡単な手法だ」と思うのではありませんか？

ただ、このS→T→Pという相互作用は、実にダイナミックなものなので、頭の使い方次第で、同じネタ出しシートから、いくつものS→T→Pの流れが生み出せる広がりがあります。今回の新幹線に対して作ったネタ出しシートでも、以下のようなSTPがひねりだせるでしょう。

私は3つのSTPを挙げましたが、左側の項目の順序を入れ替

	新幹線	飛行機	長距離バス
スピード	△	○	×
値段	△	△	○
乗り換え	○	×	×
駅（空港）の立地	○	×	△
便数	○	×	△
席の広さ	○	×	○
バリアフリー	○	×	△
乗車手続き	○	×	○
予約	○	△	△
キャンセル	○	△	△

コンセプト
地方と地方をうまく結ぶ
ターゲット
地方中核都市在住者

コンセプト
人にやさしい乗り物
ターゲット
子供、外国人、高齢者

コンセプト
融通が利く乗り物
ターゲット
猛烈に忙しい社会人

えたり、もしくは、項目をさらに追加したりすると、まだまだ
いくらでもSTPは見つけられるはずです。つまり、STP分析
がうまければ、たくさんのアイデアが生み出せる、ということ
なのです。

　この表を私が教鞭を取っている大正大学の学生に書いても
らってSTP分析をしたところ、以下のような新たな特徴が見
出せました。

	新幹線	飛行機	高速バス
景色が見える	◎	×	△ (高速道路は防音壁がある)
椅子を回転して対面着座できる	◎	×	×
社内販売がある	◎	△	×

　これに加えてすでに出てきている以下の特徴も挙げておきま
しょう。

席が広い

　この4つをくくってベクトルを出すと、こんなSTPが成立し
ます。

対象　　　家族旅行　グループ旅行
コンセプト　旅は行きがけから楽しもう

「1つしか選べない」とき、STPはとても有効

　とりわけ、STP分析が有効なのは、「同時に1つの商品（も
しくはサービス）」しか選択できないような場合です。例えば、
「セーターが欲しい」というのであれば、コンセプトの異なる2
つのブランドのものを同時に購入することは可能でしょう。こ
うした場合も「個性を出す」という意味で、STP分析は重要
ですが、その効き目は若干弱くなります（そのために、補足の
サブツールがあるのですが、今回は基礎講座なので、その話は
いたしません）。

　対して、輸送手段などは、併用できないものなので、とりわ

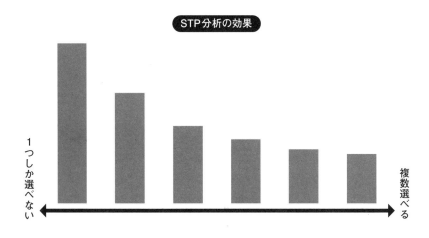

STP分析の効果

196

け、「競合との差別化＝ポジショニング」が、サービス開発や
プロモーション時に奏功するのです。

　「いや、行きは新幹線、帰りは飛行機とかもできる」「通勤の
話であれば、週明け月曜朝と、週末金曜帰りの"一番つらい通
勤時"のみ新幹線で、あとは私鉄なんて使い分けもする」など
と、反論が出るかもしれません。それでも、1回の移動時に関
していえば、決して併用はできないでしょう。だからSTPが
とても生きてくるのです。

「ちょっとした違いに気づく」ことで
マーケティングは上手になっていく

　では、STP分析がうまくなるためにはどうしたらよいでしょ
うか？

　まず、「キャラクターの異なる競合を挙げる」ことが重要で
す。今回の例でいえば、新幹線のライバルに「飛行機」を思い
つく人は多いでしょうが、「長距離バス」が出ない人はけっこ
ういるのではないでしょうか。

　同じように、左側の比較項目（機能）もたくさん挙げられる
ようになること。この2つに関しては、訓練すれば誰でもそこ
そこうまくなっていくでしょう。

　少々難しくなるのが、「セグメント」＝絞り込みです。なので、

197

多くの人がここでつまずき、「情報の羅列」という方向に走ってしまう。ぜひとも、羅列はダメだと心に刻んでいただき、何としてもS→T→Pを見つけようと努力するのを習慣化することが、3つ目に重要です。

このS→T→Pにしても、「人にやさしい」は見つけやすいセグメントですが、「融通が利く」「地方to地方」というセグメントは相当な熟練でないと見出せないし、「旅は行きから楽しもう」はセンスが必要かと思います。このあたりが難しいところなのです。

「センス」といっても、それは決して「生まれつき」のものではありません。日々の生活の隅々で、それを磨くチャンスがあるものです。

「地方to地方」というコンセプトは、私がリクルートの社内勉強会でこのトレーニングをしていた時に、参加した若手の社員が口にしました。同じ研修を何度していても、同様の切り口はなかなか出なかったので、どうしてこれを思いついたのかを聞きました。彼曰く、

「プロ野球選手は飛行機移動がすごく多いのですが、Jリーグでは新幹線が多用されています。プロ野球チームのある都市は、基本的に超大都市ばかりですが、Jリーグの場合、県庁所在地クラスの中規模都市が多い。そのせいかも、と見ていたのです。確かに、新潟から静岡って、飛行機じゃどうやっても行けないですものね。でも、新幹線なら東京乗り換えでスイスイですか

ら」

　こんな感じです。**日常生活の中でも、ちょっとした「違い」や「特色」に気づいて、それをためておく。**街中の高校生の会話なんかも、ちょっと気にかかる言葉があったら、心に留めておく。そんな日々の鍛錬が重要でしょう。日経新聞のプロモーションのところで書いた、「**良いコピーを見たら、すぐにコンセプトを読み解く**」練習なども、センスを磨く絶好のトレーニングです。

冒頭が異なる二つのコピー

　みなさんが、どのくらい「ちょっとした違い」に気づいているか、以下のワークをしてみてください。

Question15

コピー A

みなさん、携帯電話を選ぶ時のポイントって気がついていますか？　やはり、持ち運びが便利で、多機能が一番と思いがちですね。でも、結局、使わない機能が多すぎる。とすると、軽くて薄いというのが一番のキラーポイントになるのです。

ビジネス誌
での広告

コピー B

携帯電話ってやはり、持ち運びが便利で、多機能が一番と思いがちですね。でも、結局、使わない機能が多すぎる。とすると、軽くて薄いというのが一番のキラーポイントになるのです。

携帯ショップの
ポスター

　スマホ全盛の今となっては、機能などアプリを後からダウンロードすればいいから、この広告はもう「古すぎ」と思ってしまいますね。にしても、冒頭の一文があるかないかは、今でも立派に通用する「違い」なのです。

　その答えは、「見ている人の状況が異なる」ことにあります。コピーAの方は、読者はあくまでも、ビジネス誌が読みたくて、頭の中に携帯電話のことなどない人たちです。だから、彼らをこちらに振り向かせるために、冒頭の「みなさん携帯電話を選ぶ時のポイント」という1文が必要となる。一方、コピーBは、携帯ショップに来ている人たち相手なのだから、当然、頭の中

は携帯電話のことで一杯。だから振り向かせる必要がありません。この違いです。

　センスが良い人というのは、こんな感じで、**日常生活の中で、ほんのちょっとした違いを見逃さなかったりします。その蓄積が感覚を研ぎ澄ませる**のです。

　ビジネスを続けていく上で、企画でも営業でも、やはりセンスは重要になってきます。日々、小さな違いを見つける訓練などやっておくとプラスになると思います。

STP攻略は
マーケにもクリエイティブにも
重要なST（e）Pだ！

競合の置き方でも新機軸は見出せる

STP分析をするときは、まず競合を決め、次に比較項目（機能）を羅列し、その中からどの機能に焦点を当てるか絞り込む、という順番でS→T→Pを作り上げていく、と書きましたね。

機能の絞り込み方によって、何通りもS→T→Pの道筋が見出せます。比較項目を多彩にそろえて、何通りも機能の絞り込みをすれば、その数だけ、S→T→Pは生まれて来る。つまり、無限の可能性があるとお分かりいただけたでしょう。

この可能性をさらに広げる方法があります。

それは、最初に挙げた競合をガラリと変えて、全く異なる新たな競合を見出すこと。これができるようになると、本当にアイデアが尽きないようになっていきます。

 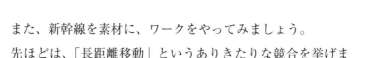

新幹線のライバルを「大手私鉄」に？？

また、新幹線を素材に、ワークをやってみましょう。

先ほどは、「長距離移動」というありきたりな競合を挙げま

したね。
その他に何か思い浮かびませんか？

	新幹線	遠距離以外では？？

　例えばこれを、「中距離移動」にしてみたらどうでしょうか？
　中距離移動なので、北は大宮〜高崎（関西なら京都〜米原）、南は新横浜〜小田原（関西なら神戸〜姫路）あたりが、想定ターゲットゾーンとなります。
　そうすると、ライバルは下の表のようになりますね。
　続いて、どんな比較項目があるか、です。

	新幹線	大手私鉄 JR在来線	中距離バス
どんな比較項目があるでしょうか？			

　整理すると、こんな風になると思います。

	新幹線	大手私鉄 JR在来線	中距離バス
スピード	◎	△	×
値段	×	○	○
時刻の正しさ	◎	○	×
駅(バス停)の立地	△	◎	△
便数	○	◎	◎
席の広さ	◎	△	△
空いている	◎	×	×

　さて、こんな状態から、うまく機能を絞り込んで、ターゲットやコンセプトが編み出せるでしょうか？

　そもそも、今まで中距離移動で新幹線をプロモートしている事例など見かけたことはないでしょう。

　さあ、ここからアイデアが出せるか。ターゲットは関東なら、「神奈川県中央部（関西なら京都、滋賀）や埼玉県東北部（関西なら播磨）に住んでいる人たち」になるでしょう。この人たちが大手私鉄やJR在来線、中距離バスを使うのは、基本的には「通勤・通学」のためです。

新幹線なら、あと15分眠れます！

　彼らを振り向かせるためにはどうしたらよいか。ではもう一度、ネタ出しシートを眺め、項目の並び順を少しいじって、以下のように3項目をピックアップしてきたらどうでしょう。

スピード	◎	△	×
席の広さ	◎	△	△
空いている	◎	×	×

　「速くて、座れて、ゆったり過ごせる」ということが見えて来ませんか？　これは、ラッシュアワーで毎日疲れ切っているビジネスパーソンや学生には、「この上ない」好条件となるはずです。

　「朝、あと15分眠れます！」
　「通勤前に、座って新聞！」
　「ラクラク帰って、家族と夕飯」
　こんなキャッチフレーズがもう見えて来ますね。
　ただ一つ、制約がある。新幹線の通勤・通学定期（フレックスパス）は高い！
　では、実際、どのくらい高いのでしょうか？

新横浜・東京間の3カ月定期は、在来線が5万5380円、新幹線が13万8150円。月にしておおよそ2万8000円（学生なら2万円）程度、新幹線の方が高いようですね。

　確かに親のすねを齧る学生には厳しいかもしれません。ただ、一家の大黒柱であれば、一考に値する額ではないでしょうか。

　何より、この「中距離地域」に住むことによって節減できる住宅ローンや家賃、駐車場代などの金額は、新幹線通勤にかかる差額よりもはるかに大きい。それでいて、新幹線を使う限り、通勤時間は都内近郊に家を構えたのと大差なくなります。

　とすると、2万8000円というのは体感的に高いと思っているだけで家計トータルでは問題にならない可能性が出てきます。なら、どうやって「新幹線は高い」という常識を突き崩すか。ここがクリエイティブの腕の見せどころ。

　「**ローンは3万円も安いままで、**あと15分眠れます！」
　「**駐車場付きの戸建に住んで、**通勤前に、座って新聞！」
　「**片道700円で、**ラクラク帰って、家族と夕飯」
　「リモート勤務で、出社は週2ならぜひ新幹線を」

　これで、新幹線の「中距離顧客」インターセプト戦略は完了！と相成りました。現実的には、中距離路線はJR在来線とのバッティングが多く、リプレイス客は東武線や小田急線などごく少数の利用者に限られるため、こんなプロモーションはまだ打たれていませんが（笑）。

> # S→T→Pのダイナミズム

　どうでしょう。競合をチェンジすると、また、戦略はいくらでも作れるのが分かっていただけましたか？

　たった一つのビジネス素材を取り上げただけでも、「競合の選び方」「比較項目の出し方」「絞り込みの仕方」により、全く異なるターゲット設定ができ、そこから、斬新なコンセプトが生まれて来る。だから、マーケティングもクリエイティブも、一度ハマると面白くて深入りしてしまうのです。

　コンセプトワークから始めて、ターゲティング、パッケージ

相互作用で構成されるS→T→P

| 想定する競合
（ライバル） | ⟷ | 比較項目
（機能） | ⟷ | ターゲット
（訴求相手） |

絞り込み

ポジション
（競合差別化を
基にしたコンセプト）

ング、セグメント、ポジショニングと学んで来ましたが、ここでそれらが一つに結び付き、クリエイティブの作法というものが完結いたしました。

 ## ネタ出しシートには「短所を書き込む」のもOK

　さあ、最後に、本書冒頭から何度も取り上げた、ツイッター社のサービスについて、STP分析をしてみましょう。
　早速、ネタ出しシートの登場です。競合にはLINEとFacebookを置き、以下の要領で比較項目を羅列してみてください。

	Twitter	LINE	Facebook
写真	△	○	◎
文字数	×	○	◎
色、フォント	×	△	◎

　ここは、SNSの標準的な機能を項目として並べて、優劣をつけるだけで良いでしょう。「はじめに」からずっと述べているように、機能面や技術面で、ツイッターは目を見張るようなものがありません。次の表のように、ほぼ全項目で劣る「デルト

マケ」状態ですね。

でも、だからこそ良いのでしょう。

この単純な機能だからこそ、成り立つサービスは何か？

①発信スピード（思い立ったらすぐつぶやける。衝動的な打ち込みが可能）

②受信スピード（短文だから、受け手も読みやすい）

	Twitter	LINE	Facebook
写真	△	○	◎
文字数	✕	○	◎
色、フォント	✕	△	◎
絵文字	△	○	◎
スタンプ	✕	◎	✕
コミュニティ	✕	◎	◎
動画	△	○	○
プロフィール	△	○	◎
詳細検索	✕	○	◎
無料通話	✕	◎	✕
チャット	✕	○	○
ビデオメール	✕	◎	◎
ゲーム	✕	◎	✕

③匿名性（素性が分からないから、安心、安易、利用障壁が低い）

この3つがとてつもなく大きな力を発揮しうるわけです。

この3つの強大な機能を、コンセプトとして一言にするのであれば、以下のようになるでしょう。

「今、この気持ちを、世界に」

STP分析をするときに、比較項目として挙げる要素は、メリットでもデメリットでもいいのです。それが「特徴的」であれば、うまく絞り込んで、さらに「魅力的になるよう」「利点になるよう」考えれば、とても良いコンセプトが生まれる。そして、それは、他にないポジショニングとして、大きなビジネスになっていくということなのです。

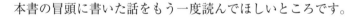

クリエイティブの作法

本書の冒頭に書いた話をもう一度読んでほしいところです。

何か、ビジネスをやろうとするとき、優位性を保とうと、つい技術や機能に頼ろうとする。日本企業は、技術や機能面では常に世界最先端にいました。静電容量方式パネルも、携帯電話とインターネットを結んだユビキタスの入り口も、持ち歩きコンピューターとしてのPDAも有機ELも写メも、これら21世紀の主要な世界に欠かせない技術の芽は日本で生まれました。

　ところが、それらは、そっくりそのまま、米中韓に奪われていく。

　日本は、技術やアイデアはあるが、コンセプトがないのです。

　むしろ、21世紀の先端企業は、「技術やアイデアは二番煎じでいいから、コンセプトで勝負」が正しいのでしょう。

　だからこそ、コンセプトワークをしっかりできるようになるための足腰＝クリエイティブの作法が重要となってきます。

　クリエイティブの作法は奥深いもので、「一日にしてならず」ではあります。が、ここまでで、その道筋が見えて来たのではありませんか？

　ぜひ、みなさんの日常に、クリエイティブの作法を埋め込んで、日々、訓練と思考を続けていただけることを、願ってやみません。

Section 4　コンセプト思考法の有効範囲

　コンセプトを中心に置き、ビジネスはそれを届ける乗り物だと考える。この思考法は、実は万能なものではありません。使えない場合、いや、使わない方が良い時もままあるのです。ビジネスとは状況に応じて、手を変え品を変え、戦っていかねばなりません。鉄則をガチガチに守る、というようなスタティックな考え方はダメです。

　では、コンセプトベースの思考法は、どのような状況で有効・無効となるのでしょうか。

　少し遠回りしながら、考えてみましょう。

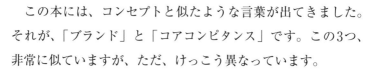

コンセプト、ブランド、コアコンピタンス

　この本には、コンセプトと似たような言葉が出てきました。それが、「ブランド」と「コアコンピタンス」です。この3つ、非常に似ていますが、ただ、けっこう異なっています。

　まず、コアコンピタンスですが、これは、「自社の優位性の

源泉となるもの＝<u>**自社特有の強み**</u>」です。それがあるからこそ、他社に凌駕されず、企業は存続している意義がある。これが技術の陳腐化などで小さくなると、競合に負けるか、もしくは利益率が低下するかで、遠くない将来にその企業は市場から退場することになるでしょう。

　だから、長期にわたり、経営が良好な状態で継続している企業には必ず何かしらの「強み」があると考えられます。記憶してもらうために繰り返しますが、あまねく企業は「強み」を持っている（だからこそ、存在する）。

　ブランドは、このコアコンピタンスを上手に利用して、「我が社は、ユーザーに○○を提供する」と約束することを指します。この約束が常に守られているようであれば、顧客は、「あの企業は○○してくれる」と頭に染み付いていくでしょう。そうすると、「○○してほしい」と思ったらその企業を選ぶという合理的思考が、世に広まっていきます。こうした状態を「ブランドが確立された」という。これを学術的な言葉で「選択負荷の軽減」と呼びます。商品やサービスがあまた並んでいても、顧客は迷わず製品選択ができ、しかも、購入後に失望することがありません。

　ここまでを整理して、コアコンピタンスとブランドの関係を考えてみましょう。

同じ技術力の2社でも、
コアコンピタンスは異なる

技術力がほぼ同じで、それ自体は「コアコンピタンス」とはならない（＝競合とは差別化できない）状態のA、B2社がありました。

・A社はこの技術を利用して「斬新奇抜な製品を創りユーザーを驚かそう」と考えた
・B社はこの技術を利用して「不良品がなく、壊れず、長く使える製品作り」を目指した

同じ技術力でも、経営方針はA社、B社で異なりますね。その結果、A、Bの2社は、別々の方向に進化を続けます。

A社は、「常識を壊せること」そして「協調性よりも競争性」を重視して人を採用。

B社は、「伝統を守る」そして「縁の下の力持ち」となれる人を採用。

戦略の違いが、採用の違いとなり、社風も対照的になっていきます。もちろん、表彰制度や給与分配なども、A社とB社では全く違うものになるでしょう。

結果、同じ技術から、全く異なる会社が出来上がりました。

A社は「常識外れ、野武士集団」、B社は「常識的、官僚的集団」です。

こうした経営戦略が結実し、A社、B社は思った通りの製品を世に送り出すようになった。

その時、両者の「コアコンピタンス」は以下のように表わせるでしょう。

A社：斬新な製品をいち早く市場投入できる力
B社：安く壊れない製品を大量生産できる力

各々、技術だけでなく、「人材」「制度」「社風」なども一体となって、この力を作り上げています。コアコンピタンスとは、こうして「会社総体」で作り上げるものなので、ひとたび確立すると、なかなか刷新はできません。それが、悩ましいところでもあるでしょう。

 ## コアコンピタンスから引き出す
ブランドメッセージ

A社とB社で、それぞれ違った優位性を持つ状態ですが、それが消費者にはなかなか伝わりません。商品をいくら市場に出しても、全員がそれを買ってくれるわけではないし、購入者も

なかなかその違いに気づかないからです。

　そこで、キャッチフレーズを作り、CMを打ち、SNSを活用し、世に「自社の独自性」を浸透させようとしました。

A社のキャッチフレーズ：家電界のやんちゃ坊主
B社のキャッチフレーズ：家電界の学級委員

　何をやるか分からない「やんちゃ坊主」と、生真面目で優等生な「学級委員」。違いがよく表れていますね。こうして、新しいもの好き、面白いもの好きならA社を、流行りものよりも安定したものが欲しいならB社をと、消費者は迷わず、両者を使い分けられるようになった。

　これが「ブランドの確立」です。これは、ブランドメッセージ（上記で言えばキャッチフレーズ）が分かりやすく、そして、ブランドコミットメント（消費者への約束）も両者の違いが一目で分かるケースでした。だから「ブランド・コミュニケーション」が成功したと言えるでしょう。

 **コアコンピタンスがあるのに
ブランドが浸透しない惜しいケース**

　要は、コアコンピタンスを「うまく顧客に伝えた状態」がブ

ランドだとお分かりいただけたでしょう。だから、本来ならコアコンピタンスとブランドは非常に近い関係にあるはずです。

　ところが、しっかりしたコアコンピタンスがあるのに、ブランドが確立されないケースもまま見受けます。それは、ブランド・コミュニケーションが失敗しているからですね。

　例えば、A社の社長が、「やんちゃ坊主、なんてキャッチフレーズは嫌だ」と言い出し、「今の言い方だと、斬新だけど危なっかしいイメージがある。それをやめてほしい」と強要した場合を考えてみてください。

　その結果、「家電界のフロンティア」などという、曖昧なメッセージになった。これだと、フロンティアとは何を指すかよく分かりませんよね？

　技術革新に挑戦し続けるの？とか、世界中に進出するの？とか。

　こんな感じで、ブランドが不明確になっていく。中には、ありもしないおためごかしをメッセージに並べる企業も多々あります。

　こんな感じで、コアコンピタンスはあるのに、ブランドが確立されていない状態の企業がよくあります。この2者の違いはこんな感じで起こるとお分かりいただけましたか。

コンセプトが必要な会社、不要な会社

　対して、コンセプトは、すべての会社が持つべきものではありません。コアコンピタンスがあり、ブランドが確立されていれば、コンセプトが不要な会社も多々あると思っています。だから、その類の会社では「コンセプト戦略」は通用しないはずです。

　コンセプトとは、その会社が提供するいわば「世界観」であり、商品、サービス、店舗、店員、CMなど会社が持ちうるあらゆる手段を通じて、それをユーザーに伝えるというものです。そうしたことが不要な企業とは、どういうものか。

・商品に単純明快な機能しかなく、世界観など作れない
・商品バリエーションが少なく、店舗やCMもなく、コンセプトの伝達手段が限られる
・次々付加する先端機能と価格だけで他社と差別化ができる

　こうした時は、コンセプトなど不要となるのです。
　逆に言うと、「複雑多様な利用法」「価格や機能ではもう差別化できない」場合に、コンセプトが重要となるということでしょう。

　高額なエンタメ産業では基本的に、コンセプトの秀逸さが重要です。東京ディズニーランドなどがその典型でしょう。

　複合サービスであるコンビニは、2章で取り上げた通りコンセプトが重要であり、だからこそ日本のそれは世界に伍したわけです。GAFAもツイッター社もコンセプト・オリエンテッドな企業でしょう。コンセプトで勝ったこうした企業は、ブランドもコアコンピタンスも、言葉や表現こそ異なれ、一線上にそれらが並んでいます。

ブランドはあるのに コンセプトは不要な東レ

　一方、BtoB領域、とりわけ素材産業などでは、技術力と顧客対応力（無理難題に応じる力）で勝負ができるでしょう。コンセプトなど不要ですが、この場合でもコアコンピタンスやブランドはしっかりとある。

　例えば、東レなどは、繊維、機能化成品、炭素繊維複合材料、環境・エンジニアリング、ライフサイエンスなど、多岐にわたる製品でトップレベルのシェアを誇っています。ただ、それらを通してユーザーに「世界観」を提供しているわけではありません。あくまでも、性能や納品力、値段などで他社をしのいでいることが勝因でしょう。

では、東レにはコアコンピタンスがないのか？と言われれば、それは、十二分にある。

　有機化学領域での基礎技術力・応用研究・製品化、加えて、思いもよらない引き合いを見つけてそこから新たな領域に進出する、という拡大力。

　一言でいうなら、「有機化学でビジネスチャンスを逃さない目ざとさ、マメさ」となるでしょう。この力は、たぶん、社内の隅々まで浸透していて、営業社員などは、日々、顧客のちょっとした「あれはできないか？」を持ち帰り、それを社内で検討し、新たなビジネスに参入していくのではないでしょうか。これらすべてが「コアコンピタンス」です。

　そこから派生した「有機化学で、ビジネスチャンスを逃さない目ざとさ、マメさ」というブランドイメージも、取引先企業に認知されているはずです。

　「無理かもしれないけど、東レさんには一声かけてみるか」。そんなブランド認知をされているから、次々に新領域へのきっかけができる。つまり、コアコンピタンスとブランドの良い関係により、事業が拡大再生産しているといえるでしょう。

　ただし取引先は、自社製品の原材料として東レの素材を使用するだけで、別に東レが提供した世界観を楽しんでいるわけではないでしょう。また、東レも、製品をコンセプトに沿ってそろえアラインメントを取っているわけではありません。CMなどは本来不要でしょう。つまり、「有機で何かあったら東レに

声がけする」というブランドは、世界観とは異なります。

BtoC企業で製品数も多いのに コンセプトは不要な富士フイルム

　BtoBだけでなく、「機能と価格で勝負できるBtoC」領域にも、東レのようなコンセプト不要の企業が多数あります。

　富士フイルムという会社などその典型ではないでしょうか。元々、その名の通り、カメラのフィルムを作っており、業績拡大のためにパレットプラザなどのDPEショップを展開していました。この頃は、パレットプラザを「現像所」で終わらせないようコンセプト型へとシフトを試みていたようです。使い捨て（リユース型）の「写ルンです」や、その進化版でインスタントカメラとなった「チェキ」、そしてCMなども含めて、生活提案型へと移行しつつあるのが見て取れたものです。ところが次第にカメラのデジタル化でフィルムが不要になり、インスタントカメラの即時性もウリにならなくなってきた。こうなるともう、存続をかけて、業態転換をせねばなりません。

　そこで、粒子技術など基礎技術が生きる領域へと進出し、M&Aも交えて、医薬品、化粧品、食品などへと軸足を移しています。今では骨董品的需要のある「チェキ」や「写ルンです」が小ヒットを続ける以外、フィルムメーカーとして脚光を浴び

ることは稀になってしまいました。

　この軸足変更は、基本的には消費者相手なので、toC領域ですが、技術的共通性が可能にしたものであり、コンセプチュアルなものではありません。ちょうど、東レが基盤技術をもとに事業ウイングを広げていく様と重なるでしょう。結果、技術力をもとにした機能で明快に差別化していて、メッセージ性は低い。

　例えば、資生堂などの大手メーカーがコンセプト作りでしのぎを削る化粧品業界にも、富士フイルムは明快機能で打って出ています。ナノアスタキサンチンという成分でリフト効果を高めるから「アスタリフト」という商品名。当初のイメージキャラクターはアラフィフだった松田聖子さん。いつまでも若々し

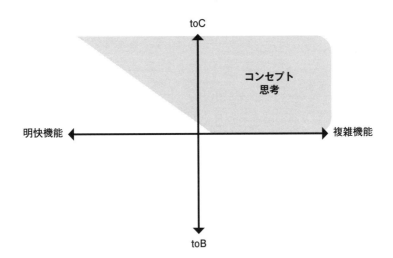

くいられる！という「機能の象徴」として有名人を使っています。

　それは、ジャパネットたかたに代表される通販会社がよくやるような、「これでもか」と言うほどの「機能と価格（価格優位性も一種の機能ですが）」での差別化の奮発です。(ジャパネットたかた自体は、「どんな商品も明快に機能差を見つけ出す！」という立派なコンセプチュアル企業ですね。人材採用や育成もまさに、創業者の髙田明二世を創り続けています)。

　こんな感じで、BtoC領域でも「コンセプトではなく、機能と価格」という企業はありえます。

再度言います。アイデアはある。ないのはコンセプト

　昨今、多くの日本企業が、BtoC領域で旗色が悪くなったために、上流回帰の名のもと、BtoBに戦場を変えて大成功しているのをよく見かけます。

　それらをとらえて、「アップル製品の中身を見ると、日本製品がほとんどだ」「中韓メーカーは日本の部品がなければ成り立たない」と誇らしげに語る論調を見かけます。BtoB領域は、愚直なまでに技術力・対応力・営業力がモノを言う世界であり、それらはみな、日本企業の得意分野だからとも言い換えること

ができるでしょう。このこと自体は日本の良さとして賞賛すべきではあります。

　ただ一方で、複雑機能のtoC領域では完敗ということも、深く反省せねばなりません。それはそのまま、コンセプト思考が弱いからだと改めて指摘させていただきます。

コアコンピタンス、ブランド、コンセプトの整理

拠り所のない
不安定な企業

コアコンピタンスが
確立されている企業

コンセプト
が重要な企業

ブランドが
確立され
ている
企業

コンセプトが
確立されて
いる
企業

　「日本人はアイデアに欠ける」「創造力を大切にしろ」こういう話はもう本当にやめにしましょう。例えば、第二次大戦時、日本ほどアイデア満載な戦術や兵器を発明をした国はないで

しょう。空母機動部隊での航空主兵戦、ゼロ戦の旋回能力と航続距離、大発動艇の強襲揚陸能力、果ては水陸両用戦車などアイデアの宝庫です。今でもそれは変わらないでしょう。2012年尖閣諸島国有化で怒った中国がレアアースの輸出を止めた時、日本電産がレアアースを使わずに作れる車載モーターを1年足らずで開発してしまったことなども「日本の創造力」として思い出されます。

顧客と上司の圧迫の中で、「何とかする」ために知恵を絞り出すことに日本人は慣れています。これは、飯田康之氏（明治大学教授）から聞いたのですが、経済学の世界でも、新奇な論文は日本とフランスからしか出ないと言います。友人のソムリエからは、「フレンチの世界では、日米中のシェフにはアイデアじゃ敵わない」ととみに言われるそうです。

そんなアイデアのほとんどが、突発的で散発的（要するに「出たとこ勝負」）なことが問題なのです。今は、良い製品を作ればそれだけで売れるという時代ではありません。それを「戦略」とかいう名で計画的にコントロールすることなどもちろん無理でしょう。

日本企業に足りないのは、コンセプト、それを生み出す力、そして、その世界観を整えるというエートス（行動様式）なのです。

あとがき

　この本は、実務力をつけるために書いた。だからドリルと称
している。

　ただ、その裏には、マーケティングの奥深さと、クリエイティ
ブの凄さを知ってもらいたいという思いが込められている。

　世には、マーケティングやクリエイティブはMBAにでも通
えば、習得できると勘違いしている輩が溢れている。ただ、そ
んなお勉強好きは、実務場面で知ったかぶりの専門用語と理論
をかざして作業の腰を折るのは上手だが、実際には何もでき
ず、そのうち泣きの涙で職場を去っていく。そして、現場失格
と烙印を押された彼らは、さらに国内では博士課程、もしくは
海外留学へと、知識詰め込みの屋上屋を重ねていく。そんな後
輩たちを多々見て来た。

　本当に大切なのは、自分の目で見、肌で感じ、そして知識の
多寡ではなく自分の頭で考えることなのだ。

　私はたまたま、リクルート入社時に、クリエイティブ部署で
6年を過ごした。そして、頭を激しく揺さぶられ、胸にどーん
と重く熱いものをたびたび撃ち込まれたものだ。その多くが、
専門卒、高卒、経歴不詳の名クリエイターたちだった。

　何を意図して、こんな作品を作るのだろう。

　何でこんな作品が、評価されるのだろう。

　当時の私には全く理解ができず、もがき苦しんでいた。いや、大学時代、小説コンクールでそこそこのところまで行き、ジャーナリスト志望で物書き稼業を目指していた自分にとって、本当に得体の知れないものというのが、クリエイターたちの第一印象だ。

　周りには、新卒入社した高学歴の総合職社員が多々いた。超一流大学の法学部や経済学部を出て来た彼らは、口々に「私はこんな仕事、希望などしていない。リクルートの本業である営業をバリバリしたい」と泣きごとを言い、しばらくするとその希望部署へと配転されていく。ただし、そんな輩はご希望の営業現場でも音を上げ、やがてリクルート自体を去っていった。

　どうして、あの訳のわからないクリエイターたちは、意味不明の広告を作り、そして、信じられないような効果を生み出して、評価を得ていくのだろうか。

　最初の1年は四六時中そればかり考え、私生活までほとんど仕事だけになっていったものだ。そうして少し理解が進むと、今度は、奴らが最短距離で正解を作り上げる過程が分かり、彼らに畏怖や畏敬の念が生まれた。

　自分は凡人であり、ただ、そのもがき辿った道筋から、後続の「凡人」たちに、クリエイティブを教える方法は見当がつい

て来た。これは、凡人だからこそ習得できた技であり、異能の人には決して見いだせなかったことと、溜飲を下げている。

そうしてリクルートの制作現場で、後輩向けの研修に使っていた私製のテキストが、京都精華大学と大正大学で学生向けの授業となり、さらにこの本となった次第だ。

私の著作やセミナーなど見聞きされたことがある人は、「海老原は雇用・人材の人」と認識されているのではないか。

ところが実は、私のキャリアは、雇用・人事よりも、クリエイティブ・マーケティング系の方が長い。

にもかかわらず、今まで1冊もこの方面の本を上梓せずにいた。理由は簡単だ。30冊も自著を出しているのに、メガヒットは出せていない。そんな「売れる」マーケができていない人間が、偉そうにその話をするのが憚られたからだ。今回は恥を忍んで、日経ビジネス電子版の編集長（当時）山崎さんに企画を持ち込み、何とか日の目を見ることができた。彼につないでくれた細田副編集長（当時）、そして本書担当の小林暢子氏には厚く御礼申し上げたい。

リクルートはご存じの通り、多方面の情報誌を作っている。

雑誌とは言え、その中身は、求人や結婚式場、住宅、自動車などの「広告」だ。

1ページ当たり100万円を超える高額な広告費をもらう商業

誌といえる。

　当然、その広告を作る制作スタッフが必要になる。そのため30年前には、従業員総数4000名のうち、800名ほどが広告制作スタッフだった。

　広告と言っても、電通や博報堂のようなテレビ・ラジオに通じるきらびやかな世界ではない。こんな、人気のない領域で、大量に制作スタッフを要すから、当然、その採用の敷居は低い。だから、「物書き」志向の人は、当座のしのぎを得るために、リクルートに籍を置く。

　中に入ると、これまた、すごいリクルート流の世界が広がっている。

　毎月のように「作品審査会」がある。掲載された広告を持ち寄り、効果、表現内容などを審査して順位をつける。もちろん、クライアント名や広告量だけで効果を稼いでも評価などされない。審査員として有名なクリエイターや古手の制作スタッフが会議に参加し、喧々囂々で選考される。それが毎月、地方予選→本選と行われ表彰がなされ、さらに4半期でその中からまたベストを選ぶ。

　もちろん、上位入賞すれば、トロフィーや作品集への掲載はもちろん、インセンティブももらえる。そして何より、超有名クリエイターの私塾に出られたりもするので、皆、目の色を変えてこのアワードに挑戦したものだ。

　さらに、こうした表彰歴の数々が得点化され、最終的に年間

順位がつく。これで10位以内に入ると、「年間ベストクリエイター」として青いブレザーがもらえて、年鑑にも載れた。

　20代のころ、私は、こんな育ちをした。

　結果、リクルートは90年代半ば、後々有名になるクリエイターを多々輩出する。

　広告業界でのし上がるためには、まず、TCC（東京コピーライターズクラブ）に入会しなければならない。こちらは、各年度の自分が世に出した広告5点を選んで応募し、審査を受け、新人賞を獲ると初めて入会できる。当時、毎年20〜30名がこの狭き門を通ってTCC入会を果たしていたのだが、なんとそのうちの6〜7名がリクルート出身という「一大勢力」となっていたのだ。

　「明日のために今日やろう」（トヨタ自動車）、「夢中になれる明日」（クラシエ）、「愛だろ、愛」（サントリー）などの耳に残る名コピーもリクルート出身のクリエイターの手によるものだ。

　手前みそで恐縮だが、私も年間ベスト、TCCに名を連ねさせていただいている。

　30歳になるころ、私は会社の人事にしたがって、制作部署を離れた。周囲の凄腕のクリエイターと一生戦っていく腹決めができなかったから、むしろそれを快く受け入れた。結果、企

画、マーケ、新規事業、編集長、ときおり人事を経て今に至る。ただ、制作部署で鍛えた「コンセプトワーク」という足腰は、どこに行っても、驚くほど役に立った。

むしろ、「あれ？　なぜコンセプトから考えないのだろう？」「大きな池でも釣り人が多けりゃ意味ないのにな……」と、周囲の人がクリエイティブの作法に反する仕事の進め方をしていることに、驚くことが多かった。

そして、「ああ、普通の世界では、クリエイターが当たり前にすることを、やっていないのだ」と分かり、少し周囲のビジネス慣行に、不安を覚えたりもしたものだ。

再度言いたい。

マーケティングもクリエイティブも奥深い。そして、少しわかり出すとこの上なく楽しい作業だ。それは決して、大学院で学んでも習得できるものではない。

本当に大切なのは、自分の目で見、肌で感じ、そして知識の多寡ではなく自分の頭で考えることだ。

ただし、その最初の一歩はかなり敷居が高い。だから、その踏み台として、この本をお役立ていただければと、せつに願う。

　　　　　　　　　　　　　　　海老原　拝　　兎年初春

解説　コンセプトとコアコンピタンス、
小林一三とドラッカー

神戸大学／流通科学大学　名誉教授　石井淳蔵

　本書の「マーケティングとクリエイティブをもう一度やり直す大人のドリル」という題名からして興味を惹きます。「それなりにマーケティングを理解し実践した人（＝大人）」が、もう一度、「自身のマーケティングの力を見直す」ためというわけです。ターゲットと価値が、題名からしっかりと伝わってきます。

　題名がこれだけはっきり伝えているので、あらためての解説は不要でしょう。私が面白いと思った点を述べさせていただいて、本書を読み進める読者の皆さんの一助になればと思います。

　本解説では、①本書のテキストとしてのユニークな性格を語ったあと、②私が本書を読んで感心した視点やものの見方（「コンセプト＆パッケージング」と「コアコンピタンスとブランド」）について述べることにします。

テキストとしてのユニーク性

　マーケティングのテキストはあまたありますが、マーケティングとクリエイティブのためのテキストはあまり見ません。本

書は、その意味で挑戦的な試みです。

　多くのマーケティングのテキストでは、マーケティングの諸技法が解説されたり、実際に会社がそれを用いてうまくやっているケースが紹介されたりします。それで、諸技法の「知識」と「知恵」は習得できます。しかし、そうした技法の知識と知恵を知っても、なかなか実践で使いこなすのは簡単ではありません。「マーケティングは科学ではなくアートだ」という意見は昔からありますが、そうなのです。

　テキストだけを読んで、その現実を理解するのはむずかしい。「技法が数多く紹介されていて、どういう順序で進めていけばいいのかわからない」とか、「いろいろの技法同士の関係はどうなっているのかわからない」とか、理解できないことが多々出てきます。

　また、実践だと、最後の詰めまで気を緩めることはありません。実践の場だと、臨場感や当事者意識があるので、最後の詰めに至るまでしっかりと考えます。しかし、読むだけだと八合目くらいで「まあいいか」と妥協して終わってしまいがちです。この最後の頂上アタックの「火事場の馬鹿力」は、実践で現れる力の最たるものです。

　本書は、そうした理論と実践とのはざまに潜む課題、つまり「マーケティングの知識や知恵を実際にどう使いこなせばいいのかと」いう点（＝クリエイティブ）に着目しました。目の付け所がシャープです。（ちょっと古いか？笑）

そのためのいろんな工夫が見られます。

最初にツイッターという商品を取り上げて、「コンセプト」というマーケティング・マネジメントの一番ベースになる概念を、その原点から解きほぐしている点が目を惹きます。腹にストンと落ちるのではないでしょうか。

学びに入っていくと、ドリルが付いています。実際に著者の体験を持ち込みながら、臨場感や当事者意識を醸し出すように工夫されています。ドリルの問題に答えることで、自分のレベルも知ることができますが、本書のドリル、実はなかなかむずかしくて正直手を焼きます。自分の課題として考えて挑戦すると、クリエイティブな力を育てる一助になるはずです。

本書は、わかりやすく読みやすく書かれているので、一気に読みとおすことができます。その分、紹介される理論や概念は限られます。何百頁もあるマーケティングのテキストに比べて、現実をすくい取る網目はそれだけ粗くなります。

しかし、実践派の読者には十分だと思います。実践の細かいところまで理論が口を挟むと、かえって実践派の皆さんの持ち味である創意工夫の意欲が失われます。「人間、ピンとキリがわかれば、後は自分の才覚と創意工夫でなんとかやっていける」という自負をお持ちの実践派の皆さんに、本書は、マーケティングのピンとキリを教えてくれます。

このように、「理論から実践へと進むためのクリエイティブの力の大事さを伝え、それを育む」、これがテキストとしての

本書の価値です。

　加えて、本書には、新しい視点や考え方があります。続いて
その点を紹介します。

コンセプト＆パッケージング

　その第1は、コンセプトとパッケージングの大事さが強調さ
れている点です。

　コンセプトを「世界観」と訳しておられるのが秀逸です。「世
界観が天井を作る（1章）」というのは、幾多のマーケティング
のケースを知っている方なら、「なるほどその通り」と納得さ
れると思います。

　続いて、コンセプトに沿って諸素材を「パッケージング」す
ることの大事さを指摘されます。この「コンセプトとパッケー
ジングをセットで考える視点」は、あまり他のマーケティング
のテキストでは扱われてはいないので、本書の特色のひとつに
なります。

　あらためて、立てたコンセプトを過不足なく満たすことの大
切さが納得できます。パッケージングが足りなければコンセプ
トが際立ちません。詰め込み過ぎれば、コンセプトがぼやけま
す。「朝のコーヒー」を謳って導入したのに、「昼夜を問わず、
美味しいよ」というメッセージが同時に聞こえてくると、消費
者は戸惑ってしまいます。

　著者は、「コンセプトを過不足なく満たすパッケージング」

という考えが大事であることを、パナソニックやソニー、トヨタやJINSのケースを手がかりに議論されていますが、これらのケースが、なかなかに興味深いストーリーになっていて感心しました。

私は、コンセプト＆パッケージングについての最初の2つの章を読んで、阪急グループ創設者の小林一三翁の故事を思い出しました。(拙書『進化するブランド：オートポイエーシスと中動態の世界』碩学舎)

小林翁は、鉄道から不動産業、さらには宝塚歌劇を中心としたエンタテインメントや流通業そしてホテル事業まで、次々に創りあげていかれた方です。小林翁が大事にされた思いというのは、「庶民に、高質な生活価値を提供したい」というものでした。そして、自分の使命はそこにあるという強い決意でそれらの事業に挑まれました。この思いと決意が、「より物をより安く、しかも心地よく」という世界観(コンセプト)につながり、関連する諸事業分野で大いなる革新につながったのです。

たとえば、鉄道の周囲に住宅分譲を行って鉄道事業の乗客を創り出したのは有名な話です。そのとき、分譲にあたって「割賦販売」という手法を導入しました。当時で言うところのサラリーマンが顧客だと想定し、彼らの給料で住宅を買うために、何が必要かを考えた結果です。

阪急電車の終点の宝塚駅に宝塚歌劇団のための大劇場を造りました。小林翁が考えていたのは、「質のよい演劇に、多くの

庶民が接して欲しい」ということです。そのために、当時の話
ですが、入場料はせいぜい１円が上限だと考えました。そのた
めに、なにが必要かを考えていきました。逆転の発想です。「大
劇場」が至上命令で、そのためにどういう手を打たなければな
らないのかを考えるわけです。その結果、伝統の歌舞伎や文楽
で代表される松竹の事業スタイルを反面教師として、劇団経営
や演劇スタイルの大改革に踏み込んでいきました。

　ホテル事業もそうです。大阪からサラリーマンが東京に出張
する。そのための安いホテルが必要だ。しかし、安いだけでは
だめだ。エントランスや設備は帝国ホテルに負けないようにし
たい。ただ、仕事をして帰ってくるサラリーマンには寝るだけ
の部屋で十分だろうから、部屋は狭くてもかまわない。その分、
部屋数は増やせる。こうして、それまでにないホテル（今でい
うビジネスホテル）が生まれました。東京に出張したサラリー
マンは、ホテル代を少し浮かして家族に土産を買って帰ること
ができる、そんな姿を小林翁は描いていました。

　阪急百貨店もそうです。ターミナル駅に百貨店をつくったこ
とで、客を呼び寄せるコストが節約できます。その当時の三越
や大丸などの伝統百貨店は、活発な外商活動で客を呼び込むス
タイルでした。強い顧客関係を創ることができる反面、営業コ
ストはかさみます。小林翁は、ターミナル百貨店の利点をさら
に生かそうと、「より良い物をより安く」を打ち出しました。「良
い物を安く売る」ために、今でいうPB（プライベートブランド）

化に取り組みました。パン、洋菓子、下着、ワイシャツなど、自身で製造工場を持ちました。

百貨店内には阪急大食堂を開きました。主として洋食が提供されましたが、その理由は、家族連れの多くの人に安い価格で食事を提供するためです。和食は、手がかかりコストが増すということで避けました。主要食材の牛肉は、安く安定的に仕入れるために、酪農家に食用の牛を飼ってもらうことにしました。第二次大戦が起きてその試みは挫折しましたが、一時は数千頭の食肉用の牛が飼われていたと言います。

一連の革新を生み出した小林翁の事績から教えられることは、第1に、自分の世界観(コンセプト)が大事ということです。そして、第2に、「その世界観を充たすためになにが必要か」を徹底して考えていることです。筆者の言う、「コンセプト&パッケージング」の考え、さらには「物事の結果から考える」スタイルに他なりません。

あらためて考えてみると、小林翁が活躍した時代は大正時代。ブランド論もSTPの技法もありません。今から見ると、こうありたいという「理念」と、それを断固実行するという「信念」だけがあったわけです。

著者が言われるように、大事なのは、世界観と、いったん定めた世界観をあだやおろそかにはしないという信念です。「ピンとキリさえわかっておれば、後はその人の才覚でやっていける」ことを信じることができるエピソードではないでしょうか。

コアコンピタンス&ブランド

　第2に、著者は、「ビジネスは、状況に応じて、手を変え品を変え、戦っていかねばならない」「鉄則をガチガチに守る、というようなスタティックな考え方はダメ」と言われていることです。新しい視点だと思います。

　コンセプト&パッケージングをしっかり保持することの大切さを指摘する著者ですが、それらを未来永劫続けていくことはできません。そこに新しい視点、「コアコンピタンス&ブランド」が強調されます。

　コアコンピタンス&ブランドを理解するために、本書ではIBMのケースや日本のコンビニ3社の持ち味の違い、あるいはソニーとパナソニックの違いなどをケースとして紹介します。いずれのストーリーもそれ自体として勉強になります。

　このうちIBMについて言うと、同社はPC事業を、ライバル諸メーカーに比べていち早く売却しました。IBMはPC業界に革新をもたらした製品を開発した歴史があり、しかも業界自体はこれからまだまだ成長しそうと思われていました。IBMをコンピュータの会社だと思っていた人は驚いたと思います。

　しかし、同社は、それ以前に大型機で大成功を収めていた時期から、「IBM means Service」を宣言し、「顧客の問題を解決することがわれわれの課題だ」としていました。そうした宣言から見ると、PC事業は「IBMらしくない」事業だったのでしょう。「コンサルもなにも不要でパッケージソフトを入れ替えて

使うというPCはIBMの出自とはまったく関係ない」と見なされました。

「コアコンピタンス」とは、自社特有の強みです。それを、「顧客への約束」として宣言し遵守していけば、それは「ブランド」にもなります。IBMは、自社のコアコンピタンスを自覚し、それをブランドとして市場や社会に訴えてきました。

このコアコンピタンスという概念ですが、面白いところは、「反発しない方向へ徐々に変えることができる能力（Substitut-ability）」と「他への転用もできる能力（Transferability）」を含んでいると見なされている点です。

つまり、「顧客への約束」（ブランドないしはコンセプト）は変わらず遵守されますが、それを支える自社のコアコンピタンスの中身は時代と共に変化します。「顧客の問題を解決する」という世界観（コンセプト）は遵守する一方で、その世界観を支えるコアコンピタンスは徐々に方向を変えることができるわけです。IBMもそうですが、日本の老舗企業が時代の波のはざまに消えることなくその世界観を主張しながら何百年も生き続けることができる基本のメカニズムがここにあります。

その一方で、自分を成り立たせている持ち味（コアコンピタンス）を自覚できず、それをブランド化することもなく、保有する資源を無駄にしてしまっている会社があります。著者は、そのいくつか紹介していますが、傾聴に値する意見です。

この「コアコンピタンスを自覚して、ブランドとして世に問

う」というこの一連のストーリーですが、私には、ピーター・ドラッカー教授が晩年、強調されたひとつのエピソードと重なります。最後にその話をして終わります。

ドラッカー教授は晩年よく、会う人ごとに、「あなたは、どのような存在として記憶されたいですか？」と尋ねられたそうです。「自身で、自分を定義するとしたら、どうなりますか」ということでしょう。

ドラッカー教授自身、小さい頃に学校のクラスの先生にそう尋ねられたそうです。しかし、その問いに級友のだれも答えられませんでした。先生はそこで、こう言われたそうです。「今のあなた方には、この質問に答えられなくても仕方ありません。しかし、50歳になってこの質問に答えられないとしたら、あなたは人生を無駄にしたことになりますよ」と言われたそうです。

確かに大事な質問です。自身を定義することにより、①努力の焦点が与えられる。そして、②生きる焦点が明確になることでそれと整合的な生き方を守り抜く信念や気概も生まれてくる……。

考えてみてください。自分の可能性は、それこそ無限です。そんな人生において、なにも考えず、努力の焦点も明確にしなかったとしたら、成り行き任せのとりとめのない人生になりかねません。努力すべきた焦点や対象をしっかり掴めば、本来無味・無臭・無機質でしかない世界も、生きる意味をもった豊か

な世界に変わります。こんなことを、ドラッカー教授の先生は
教えたかったのだと思います。

　私は、このドラッカー教授のエピソードを読んで納得すると
同時に、「会社も同じではないか」と思いました。

　自分を定義できない会社は、成り行き任せのとりとめのない
道を歩んでしまう。ドラッカー教授が、「事業の定義」を強調
された背景にはこんなストーリーがあったのではと思います。

　ドラッカー教授のこうした思いは、本書を通しての著者の主
張と重なります。

〈了〉

海老原 嗣生

えびはら つぐお

雇用ジャーナリスト、ニッチモ代表取締役、厚生労働省労
働政策審議会人材開発分科会委員、大正大学特命教授、
中央大学大学院戦略経営研究科客員教授

1964年東京生まれ。大手メーカーを経て、リクルートエイ
ブリック（現リクルートキャリア）入社。新規事業の企画・
推進、人事制度設計などに携わる。その後、リクルートワー
クス研究所にて雑誌「Works」編集長を務め、2008年に
HRコンサルティング会社ニッチモを立ち上げる。『エンゼ
ルバンク-ドラゴン桜外伝-』（「モーニング」連載、テレビ朝
日系でドラマ化）の主人公、海老沢康生のモデルでもある。
人材・経営誌「HRmics」元編集長。『AIで仕事がなくなる
論のウソ』（イーストプレス）、『人事の成り立ち』（白桃書房）、
『人事の組み立て』（日経BP）など著書多数。

本書は人事向けサイト「Human Capital Online (https://project.nikkeibp.co.jp/
HumanCapital/)」で2022年8月から連載中の「マーケティングとクリエイティブ
をもう一度やり直す、大人のドリル」に大幅加筆した。

マーケティングとクリエイティブをもう一度やり直す
大人のドリル

2023年2月21日　第1版第1刷発行

著　者	海老原 嗣生
発行者	河井 保博
発　行	株式会社日経BP
発　売	株式会社日経BPマーケティング
	〒105-8303
	東京都港区虎ノ門4-3-12
装幀・制作	松川 直也（日経BPコンサルティング）
イラスト	西アズナブル
印刷・製本	大日本印刷

マーケティングと
クリエイティブを
もう一度やり直す

大人のドリル

【別冊付録】
ワークブック

※何度でも使えるようコピーいただくと便利です

◆ **p18　Question1**

写真のコンテ（構図・そこにある被写体などをラフで描き込んでください）

後で使い
ます⇓

写真のタイトル

その理由

伝えたいメッセージ
（コンセプト）

ポスターのコンテ
（構図・そこにある被写体などをラフで描き込んでください）

キャッチフレーズ

後で使います

後で使います

伝えたいメッセージ　　ポスターのコンテ
（コンセプト）　　　　（構図・そこにある被写体などをラフで描き込んでください）

キャッチフレーズ

伝えたい相手

相手はどんな反応をするか

◆ p58

ポスターのコンテ（構図・そこにある被写体などをラフで描き込んでください）

キャッチフレーズ

解答欄

その理由

①コンセプト（伝えたいこと）

②メインターゲット

③出稿時期

④キャッチフレーズ

長所

短所

ターゲット男性

伝えるべき情報（コンセプト）

紹介文句（キャッチフレーズ）

あなたがアピールしたいと思う情報（番号で）

答え

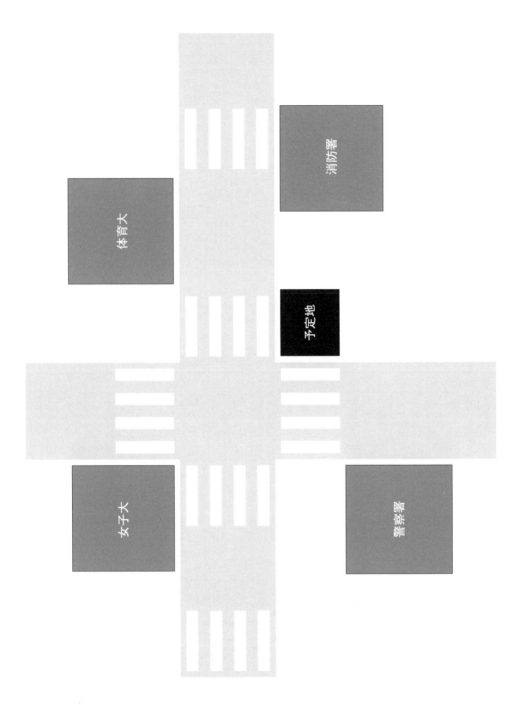

ターゲット

_____

_____

_____

_____

_____

_____

類似番組が少ない理由

_____

_____

_____

_____

_____

_____

_____

_____

_____

_____

_____

その理由

❶ なぜ東京ではなかったのですか？

❷ なぜ大阪ではなかったのですか？

❸ プロモーションの想定していた時期はいつですか？

❹ この広告を見た人にどんなactionを期待したのでしょう？

❺ この広告のコンセプト（伝えたいこと）は、2つあります。
　この短いフレーズはその2つを見事に表しています。さて、その2つとは何でしょうか？

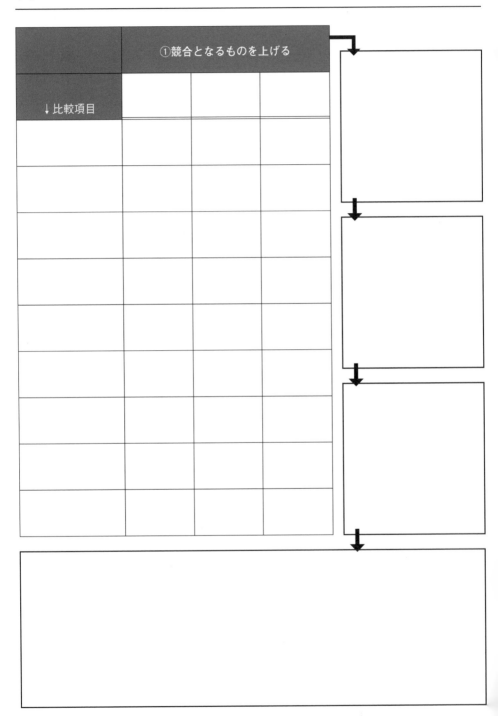

	①競合となるものを上げる		
↓比較項目			